海昏侯新论

辛德勇 著

生活·讀書·新知三联书店

图书在版编目（CIP）数据

海昏侯新论／辛德勇著．—北京：生活·读书·新知三联书店，
2019.6 （2025.5 重印）
ISBN 978 − 7 − 108 − 06620 − 6

Ⅰ．①海… Ⅱ．①辛… Ⅲ．①刘贺 − 人物研究
Ⅳ．① K827=341

中国版本图书馆 CIP 数据核字（2019）第 090643 号

责任编辑 张　龙
装帧设计 蔡立国
责任印制 董　欢
出版发行 生活·讀書·新知 三联书店
　　　　 （北京市东城区美术馆东街 22 号 100010）
网　　址 www.sdxjpc.com
经　　销 新华书店
印　　刷 三河市天润建兴印务有限公司
版　　次 2019 年 6 月北京第 1 版
　　　　 2025 年 5 月北京第 2 次印刷
开　　本 880 毫米 × 1230 毫米 1/32 印张 8.125
字　　数 166 千字　图 125 幅
印　　数 10,001 − 12,000 册
定　　价 66.00 元
（印装查询：01064002715；邮购查询：01084010542）

作者近照　　李祎 摄

自　序

　　考古工作者发掘海昏侯刘贺墓的情况，是 2015 年年底正式向社会各界公布的。这一情况公布后，得到社会公众的广泛关注。为帮助社会公众了解刘贺跌宕起伏的一生，三联书店约我写出了《海昏侯刘贺》一书。这本小书出版后，受到读者的广泛欢迎，并被评为 2016 年"中国好书"。在这里，我要衷心感谢广大读者对我的支持和鼓励。

　　在《海昏侯刘贺》这本书中，有些问题，碍于体例，没有能够展开论述，而深入探究的读者，可能会有疑惑（如刘贺受封为海昏侯的具体时间以及他被废除帝位后究竟得了什么病）。对于这些问题，我后来写了一些短文，加以说明。还有些问题，其他学者持有不同意见，一些读者也不知何所是从（如"海昏"一称，到底仅仅是一个普通地名，还是特地给刘贺量身定做的贬义爵号），我又对自己的观点做了比较详细的补充论证。另外，我又在旧有研究的基础上，围绕刘贺的墓园和墓室出土的文献、文物，展开了一些新的论述（如刘贺墓园的平面布局形态及其与汉长安城平面布局的关系、墓室出土《论语》残简的文献学价值、所谓"马蹄金"的政治文化意义及其与秦汉间金币形制的关系等）。这些内容，也都是人们在对海昏侯刘贺有了基本的了解之后，想要进一步知悉的问题；同时也是对海昏侯刘贺及其相关问题研究的拓展和深化。希望本书在社会文化和学术研究两个方面都能够有一些实质性意义的进展，并进一步思索由此引发的新问题。

衷心感谢三联书店愿意帮助我把这些文章编集在一起，提供给关心这一问题的人们。当初撰写《海昏侯刘贺》一书，就是缘于三联书店的编辑及时注意到社会公众对这项考古新发现的关切，从而向我提出约请。相信仍然关心这项考古发现的朋友，会从这些文章中得到一些很有意思的新认识。

文集纂录既定，自忖撰写《海昏侯刘贺》时起对这项重大考古发现的研究方法，是自己在主观上一直注意不要过于狭窄地就事论事，尽量放开眼界，在大的历史背景下看刘贺，在相关事项的总体框架中看待其具体特征和历史价值；或者说是想努力从大处着眼而从小处入手，观照通贯的脉络以剖析具体的关节。限于天资和学识，做得或许并不很好，但自己还是努力做了，并且还是会继续努力这样做下去。

从这一意义上讲，这些文章所涉及的，就不仅是刘贺的身外之物了，更是他身后那个广阔的世界。

2018 年 9 月 29 日

刘贺与西汉中期的宫廷政治

　　我在 2016 年出版的《海昏侯刘贺》这本书，是以西汉中期的宫廷政治为主线，或者说是以这一时期的宫廷政治斗争为背景展开叙述的。这样写，主要是因为刘贺本人的传奇性经历看似偶然，实则是由这条政治主线所决定的，其荣辱浮沉的经历是基于这一政治背景而产生的。我们看通行的历史年表，自古以来，就根本找不到刘贺这个废皇帝的位置。这主要就是因为他被隐没在身后强大的政治背景当中了。因此，不这样写，就无法准确把握其个人命运的本质特征，无法正确认识刘贺其人到底是一个什么样的人。

　　这样写这本小书，更深一层的原因是，可以通过刘贺的跌宕经历，向读者展现西汉中期宫廷政治的内幕。这样的幕后政治，可以说是政治权力运作的普遍形式，或者说是必然形态，古今中外，概莫能外。站在幕布以里，还是幕布之外，看到的情形，往往大不相同。你不揭开幕布，就永远无法知晓真实的状况。

　　不管是专业的历史研究工作者，还是一般的社会公众，对揭

图1　东汉蔡邕《独断》中的两汉帝系
　　　　表及敝人所增有关刘贺的内容
　　　[清咸丰二年(1852)聊城杨氏
　　　海源阁仿宋刻《蔡中郎集》本]

开这道幕布以一探究竟,都会怀有浓烈的兴趣;更准确地说,这种掀开幕布的工作,应该是专业历史工作者的基本职责,而不是去膜拜过去的历史有多么辉煌。

一

首先需要说明的是,我在这里讲的"西汉中期",具体是指从汉武帝晚年到汉宣帝前期这一时期。这是因为此时期的政局演变,与刘贺一生的命运息息相关。

至于阐述这一时期的政局演变为什么要以宫廷政治为核心,

先前我曾写过一篇文稿，题作《〈海昏侯刘贺〉书里书外的事儿》，文中对此已经做过说明。

2015 年 10 月我出版的《制造汉武帝》一书，深入考辨了汉武帝晚年至昭宣时期政治发展进程中的所谓"两条路线斗争"问题，以为自北宋时期的司马光起到现代中国秦汉史学界所持"路线斗争说"实际不能成立，即在汉武帝和卫太子之间并不存在两条截然不同的治国路线，汉武帝晚年也没有幡然悔悟，改变此前奉行的"尚功"路线，转而"守文"，从而使汉代政治的发展出现一个重大转折；武帝至宣帝时期的政治路线实一以贯之，汉廷治国路线的所谓转折性变化，是发生在元帝时期，而不是汉武帝后期。

《制造汉武帝》的观点，与中国学术界的通行说法，或者说在很多学者心目中的权威说法，差距甚大，但却算不得是我本人性情乖戾，独发奇想，非要标新立异不可，实际上，中国国内秦汉史学者尊奉为重大学术创见的汉武帝晚年政治路线转折说，是早已被日本学术界弃之不顾的废旧观点。抛弃的原因，当然是由于它不符合历史实际。

正是基于这样的认识，我才不用通行的"路线斗争说"来解析当时的政治史，而以实际居于核心地位的宫廷政治斗争作为主线，来解析刘贺一生的遭遇，而西汉的宫廷政治，纯粹是对权力、地位和利益的控制与争夺。历史事实如此，容不得做出其他的选择。也就是说，并不是因为这样做看起来好看，讲这样的故事更引人关注，而是因为这更接近历史的本来面目。

现在中国学术界、文化界虽然颇有那么一些人很喜欢看日剧、吃日本料理，却对日本东洋史学者的著述不甚留意，甚至留学东瀛，身居"倭国"，也未必认真阅读过相关的论著，并对此做过深入的思考。

在这种情况下，一些人撰文批评了我的看法。有人相与切磋，固然是一件值得欢迎的好事，但在我看来，在学术视野上，这些人观照的范围似乎不够全面，对问题理解的深度也就不能不受到限制。

因此，今天在这里讲刘贺与西汉中期的宫廷政治问题，既然是以拙著《制造汉武帝》一书作为论述的基础，首先就有必要向大家说明我对相关批评意见的认识。简单地说，我对这些批评文章的学术论述内容，已经认真拜读，并表示衷心感谢，但到目前为止，还不能认同这些观点；或者说，我依旧坚持自己的看法。不同的学者，有不同的认识，各抒己见，这就是学术。

二

刘贺一生的重大跌宕起伏，不管登基为帝，还是废位成囚，都完全是由霍光一手造成的；即使是后来被汉宣帝远封海昏，也同样间接受到霍光操弄朝政的影响。诚可谓荣也霍光，辱也霍光，而霍光之所以能够权倾天下，操弄不止一位君主的立废，则由汉武帝晚年的政治安排直接促成。因此，要想清楚说明刘贺入居未央宫以及重归昌邑国故宫并最后命终于南荒海昏的经历，就不能不从汉武帝晚年西汉王朝的政治格局谈起，而在这一时期政治格局中所出现的一个最重大的变化，便是太子刘据对汉武帝施行巫蛊之术所引发的未遂政变，这也就是著名的"巫蛊之祸"。

在我研究之前，中外学者对"巫蛊之祸"起因的看法，几乎众口一词，都说是太子据受江充栽赃陷害，说本是江充为搞掉刘据而指使人预埋桐木偶人于太子宫中，以防他继位登基，对自己不利。本着这样的认识，就很难合理地解释汉武帝临终前对皇位继承人的安排，也就不能从根源上清楚地说明，何以会出现霍光专权以致擅行立废君主的局面。

审视这些通行的说法，其文献依据，不过是《汉书·戾太子传》所记"上知太子惶恐无他意"以及"上怜太子无辜，乃作思子宫，为归来望思之台于湖"这些浮泛的虚话，不少人仅仅依据这些缺乏实质性内容的表述，就断定卫太子根本没有对汉武帝施行巫蛊之术。

那么，在此前提下，汉武帝为什么在从卫太子死后直至他本人去世之前的三年多时间里，却一直空缺储位，不再新立太子？而且，汉武帝临终前又为什么不让业已成年的燕王刘旦、广陵王刘胥或者昌邑王刘髆继位，却偏偏要把这汉家江山交给年仅八岁的幼童刘弗陵？这些，就成了很不好解释的问题。

正因为对此颇感困惑，近人吕思勉在所著《秦汉史》中尝谓"武帝末年，继嗣之际，事有不可知者矣"，甚至以为"昭帝之立，果武帝意与否，信不可知矣"，亦即怀疑为霍光私自操弄所致，而不是出自汉武帝的旨意。但实际上武帝遗命刘弗陵继位，除了霍光以外，还有桑弘羊和金日磾一同在场，三人同知共闻，不可能是由霍光假传圣旨。特别是考虑到金日磾生前一直拒绝接受霍光伪造的所谓"封侯"遗诏，而一直以"侍中"身份随侍汉武帝身边的卫尉王莽的儿子王忽，还公开扬言："帝病，忽常在左右，安得遗诏封三子事！群儿自相贵耳。"（《汉书·霍光传》）这意味着，对于金日磾来说，"封侯"的事儿是没来由的，所以他不能接受；但刘弗陵继承帝位，是汉武帝的遗命，所以，他要承命辅佐。同样，对于王莽的儿子王忽来说，汉武帝临终前指示由刘弗陵继位做皇帝，这是他亲见亲闻，是真事；而封授霍光、上官桀和金日磾三人为侯的事，却是霍光等人私相授受，完全出于伪造。

综合分析当时各方面情况，我认为，促使汉武帝做出这一安排的直接原因，就是卫太子对他施行巫蛊并发兵反叛。

卫太子针对汉武帝施行巫蛊，肯定与其太子的地位不稳具有直接关系，但汉武帝是不是真的就一定会废除他而另立太子，却也看不到明显的迹象，至少这一点是很不确定的。

刘据的太子地位不够稳固，首先是由于他的母亲卫子夫出身寒微且从来也没有受到汉武帝特别的宠幸，卫子夫被册立为皇后，只是缘于她为汉武帝生下了第一个儿子，纯粹是"母以子贵"。在嫔妃如云的帝王后宫，即使曾以貌以才深得其宠，冷落失宠也只是时间早晚的事情，何况从未得到过宠幸的卫皇后了。

在卫子夫当上皇后仅仅几年内，就相继有王夫人、李夫人、赵婕妤等嫔妃受到汉武帝的热烈宠爱，而且还都为汉武帝生下了小皇子，刘据这个宝贝儿子也已经不再稀罕，而汉武帝对王夫人生的儿子刘闳、李夫人生的儿子刘髆、赵婕妤生的儿子刘弗陵，都明确表示过特别的爱幸之意。特别是汉武帝对李夫人的恩爱并没有随其去世而泯灭，因而就在卫皇后尚且在位在世的情况下，他就公然以皇后之礼对李夫人做了安葬，这也显示出汉武帝随时都有可能废黜卫子夫的后位，同时也会改立李夫人的儿子刘髆为太子。

刘闳和刘髆，在已有刘据早被立为太子的情况下，年龄稍大便相继就封之国，离开了都城长安，这至少从体制上暂时解除了对卫太子的威胁，但刘弗陵甫一出生，汉武帝就公开将其与上古的神圣君主帝尧相比，"命其所生门曰尧母门"（《汉书·外戚传》）。这意味着汉武帝至少一度萌生过用刘弗陵顶替刘据为太子的想法，就像宋朝人司马光所说的那样："当是时，太子犹在东宫，则孝武属意固已异矣。"（《温国文正司马公文集》卷七三《史赞评议》）

面对这样的局面，卫太子及乃母卫皇后自然是惶恐不安。然而，有这种可能性，并不等于一定就会转化成为现实。这里面有几个因素，都会阻止这种可能性向实际方向发展。

第一，卫太子虽然不像司马光依据《汉武故事》所写的那么好，那么符合儒家理想的皇太子或是开明君主标准，但也中规中矩，并没有犯下什么罪过或是有什么不良行为，让汉武帝憎之恶之，以致非废除其储位不可。

第二，老父爱少子，这很正常，也很普遍。汉武帝是皇帝，同时首先也是个人，大多数人都这样。所以，因晚年得少子，喜悦中做出某些举动，并不意味着这是一个对帝位继承者的确定安排，不然的话，何不早些废黜卫太子以改立刘弗陵，甚至在卫太子去世之后空缺储位不补，而直至去世前两天才匆忙宣布把刘弗陵立为太子？

直到后来登基即位，刘弗陵也才只有八岁，他毕竟只是一个很小的小孩子，即使再天赋异禀，也不会显示出多强的治国平天下本领；况且从他直到去世的实际作为来看，只能说是不像后来的刘贺那样痴憨，却绝看不出有什么过人的智慧和能力。

汉武帝兴之所至，一时随便说说，与其实际运作之间，还存在着巨大的距离。我们在研究这一历史问题时，需要结合其他记载，综合考察，才能识破历史的真相。

第三，汉武帝一意求仙，希图永生长乐，统御天下千秋万岁，在内心深处，并没有把帝位的承续看作一个现实的问题。因此，即使对卫太子不够满意，即使深深属意于小皇子刘弗陵，也大可不必做出这种在他看来只具有形式上之象征意义的安排。

我们看"巫蛊之祸"发生前江充"恐上晏驾后为太子所诛"的情况（《汉书·戾太子传》），就可以明确，直到此时，汉武帝也一直没有明确表示过废黜卫太子的意向，不然作为近侍的幸臣，江充何必会有这样的担忧？

然而，卫太子作为直接的当事人和可能的受害者，绝不能像我们今天的研究者这样冷静，一定要对汉武帝易储的可能有所防范，有所应对，可是在汉武帝的严密控制下，又无计可施，唯一能做的小动作，只剩下了像当时的愚夫怨妇一样，针对汉武帝搞搞蛊术，发泄一下心火怒气。要是碰巧蛊术奏效，真的咒死了老而不亡的汉武帝，就能把天下掌控在自己的手中，再也不必担惊受怕。

在这样的政治背景下，所谓"巫蛊之祸"，也就发生了。针对仇怨者施行蛊术，本是当时十分通行的做法，若是没有江充介入侦缉，卫太子针对汉武帝施行的蛊术，也就仅限于他自己暗地里泄泄怨气而已。

然而，江充为除掉卫太子而进入太子之宫挖掘其施行蛊术的证据，使得局势骤然发生巨变。面对因希求长生不老而极其痛恨对其行用蛊术的汉武帝，卫太子走投无路，只好起兵拼死一搏，侥幸冀望硬闯出一条生路，而其结果却是身败名裂，满盘皆输。直至他嫡亲的孙子刘病已（刘询）登基做了大汉皇帝，本着"谥者，行之迹"这一根本原则，也不能不给他定以"戾"这一"恶谥"（《汉书·戾太子传》），以昭告天下万世他这一大逆不道且又"不悔前过"而发兵反叛亦即罪上加罪的重大罪行（《逸周书·谥法解》）。

在经历了"巫蛊之祸"以后，汉武帝对身边所有人的疑忌都愈加深重，各位成年的皇子，也不会例外。道理很简单，皇太子刘据敢于这样做，是因为他人已成年，而且有一批属臣宾客为其效劳，而这些成年的皇子，他们每一个人，都随时有可能再行巫蛊，或是干脆直接起兵犯难，置自己于死地。

在其他几位皇子中，除了齐王刘闳早逝之外，燕王旦、广陵王胥、昌邑王髆，没有一个人能让他完全放心。我们看广陵王胥在昭、宣二帝时期屡有"使巫祝诅"的记录（《汉书·广陵王胥传》），再看史书明言燕王旦"为人辩略"且多"招致游士"（《汉书·燕王旦传》），就能够明白，对于一心祈求长生不老的汉武帝来说，确实很难对他们放下心来。

再具体到这几位业已成年的皇子身上来说，卫太子身亡之后，在普遍受到猜忌的基础上，广陵王胥因其"动作无法度"且行为"多过失"，没有当皇帝的气象，汉武帝根本就看不上（《汉书·广陵王胥传》《汉书·外戚传》）；燕王旦心急等不得，竟然不看脸色自己伸手要进京拿，竟惹得汉武帝一怒将其下狱（《汉书·燕王旦传》）；剩下的昌邑王刘髆虽然没有什么惹汉武帝心烦的事见于史籍记载，加上还有亡母李夫人的情分，本来或许还有一定的机会，而且在卫太子兵败自杀七个月之后的征和三年（前90）三月，刘髆的舅舅李广利和当朝丞相刘屈牦业已密谋向汉武帝举荐，要把他立为太子，孰知计划未及施行，刘屈牦和李广利即遭人举报"祝诅主上，有恶言"且"共祷祠，欲令昌邑王为帝"（《汉书·刘屈牦传》），结果刘屈牦一家丢命而李广利亡命匈奴。这不仅是又一次动用蛊术危害汉武帝的性命，而且同时还要拥戴新的主子，犹如卫太子重世，直接触犯了汉武帝的大忌，哪怕刘髆本来是汉武帝的选项之一，从此再也不会予以考虑了。

这样一来，汉武帝亲生的儿子，就剩下了年幼的刘弗陵一人可以作为皇储而不受汉武帝的猜忌。尽管《汉书·外戚传》

说他年五六岁就显得"壮大多知（智），上常言'类我'，又感其生与众异，甚奇爱之"，但五六岁的小孩子，再"多智"也多不到哪里去，而"生与众异"是说他晚产四个月之久，假如没有计算错误，这对他的正常发育，很可能带来严重不良影响。后来汉昭帝年仅二十二岁就早逝，说不定就与他先天发育曾受到损害有直接关系，表面上的体形"壮大"并不一定具有实质性意义。

总之，汉武帝之所以宠爱刘弗陵，实质上不会是因为他太好，而是因为他太小，还不会用蛊术去咒死老爹，当然他也还没有能力去这样做。于是，"上心欲以为嗣，命大臣辅之。察群臣唯（霍）光任大重，可属社稷。上乃使黄门画者画周公负成王朝诸侯以赐光"（《汉书·霍光传》），清楚表示出以刘弗陵为后继的意向。不过，仍然没有正式将其立为太子，这还是因为汉武帝幻想生命长存，帝位永在，不愿把可能的继任者看作实际的太子。

正因为如此，才会出现在去世前两天才把刘弗陵立为太子的情况。这时，汉武帝的病情突然加重，他不得不正视寿之将终的问题，迫不得已，只好做出这一安排，而刘贺其人荣辱浮沉的经历，都是基于这样一个缘由；或者说，他的人生大戏，就是这样拉开了帷幕。

三

年少的刘弗陵，还不懂人事，当然不会做出对汉武帝不利的举动，可麻烦的是，他也做不了什么人事，更不用说治理偌大的一个国家了。在这种情况下，不是依靠母后，就只能依赖当朝的大臣。

刘弗陵的妈妈赵婕妤出身寒微，其父系坐法宫刑的宦者，汉武帝也没有像对卫皇后、李夫人那样，拔擢其家人，令其掌握一定权力，从而可以作为奥援。在褚少孙增补的《史记·外戚世家》中，记述汉武帝在确定将由刘弗陵继位之后，有意杀掉赵婕妤，以防"主少母壮"而导致女主专权，很多著名史学家都信从这一说法，包括日本学者日比野丈夫、宫崎市定，我在《海昏侯刘贺》这本小书中也采用了这种说法。后来在北魏时，当政者还发挥此说，以为所谓"子贵母死"是汉家成规。今更有不少学者推衍此说，讲出越来越玄妙的道理。

其实不管皇汉也好，元魏也罢，绝无此等悖戾基本人情事理的残忍制度。褚少孙为《太史公书》补撰的内容，其信实性往往不尽如人意。班固撰著《汉书》，在《外戚传》中但记云：赵婕妤是因"有过见谴"而"以忧死"，并不是汉武帝有意诛杀。这种说法，应当是班固考辨分析的结果，信其符合历史的实际。

汉武帝虽然没有有意杀掉赵婕妤，但《汉书·外戚传》记载说，汉武帝以刘弗陵"年穉母少"而"恐女主颛恣乱国家"，并为此"犹与久之"，倒也比较合理。这就是汉朝前有吕后专权，近有卫后支持卫太子反叛作乱，汉武帝对此不能不有所忧虑。汉武帝没有任用赵家人入朝做官，大概就与这一忧虑有关。

那么，在即将撒手离去的时候，孝武皇帝对汉家江山社稷的稳固传承，不能不做出合适的安排——仅仅靠这位八岁的小皇帝刘弗陵，是根本不行的，一定要有可靠的辅佐大臣。

前面已经谈到，霍光当然是首选，借用明朝的说法，也可以说是"首辅"。但要是把权力都交给霍光一个人，也就无异于改朝换代，变刘氏王朝为霍家天下，自恃英明而又满腹猜忌的汉武帝，绝不会做这样的傻事。于是，我们看到，另外还有车千秋（田千秋）、金日磾、上官桀、桑弘羊这四位大臣，与霍光一道，"并受遗诏，辅导少主"（《汉书·昭帝纪》）。

这五位顾命大臣，可以划分为内朝、外朝两组。外朝有丞相车千秋和御史大夫桑弘羊、太仆上官桀，内朝则是奉车都尉霍光和驸马都尉金日磾。外朝以车千秋为主，内朝以霍光为主（《汉书·车千秋传》）。不过，其中上官桀身份较为微妙，同时还身兼骑都尉一职，与霍光的奉车都尉和金日磾的驸马都尉一样，同属于近侍之臣的性质，而且明确宣布他是要辅助霍光处理内朝的事务。也就是说，上官桀实际上是身兼内外两朝。

在这两组臣僚之间，按照法定的地位，应当以车千秋为最高长官，但少主昭帝登基时只是一位八岁幼童，"领尚书事"的霍光，自然成为皇帝的代言人。为确保霍光拥有足够的权威和相应的地位来主导朝政，武帝特"以光为大司马大将军"，即赋予霍氏最高统兵之权（《汉书·霍光传》）。其作为"大司马"即太尉的行政地位仅次于丞相。"大司马大将军"这一职位与丞相互相牵制，使得内外两朝，在制度上能够建立一种平衡，以防止权臣专擅朝政。

但"大司马大将军"这一头衔，兵权过重，为平衡其权力，汉武帝在托孤时还授予上官桀"左将军"头衔，给金日磾以"车骑将军"头衔，以适当分散霍光的兵权。

从另一角度来看，如果侧重上官桀内朝之臣的属性的话，霍光、上官桀和金日磾这三位"将军"，实质上是凭借其传达王命的职事和所把握的兵权，组成了一个控制政事的"三人核心小组"，它可以强有力地制约实际行使政事的外朝丞相和御史大夫，使其不得擅自行事。

这样的人事安排，显然都是汉武帝预设的防范措施。昭帝去世后霍光主持废除刘贺的帝位时，曾有一份百官联署的奏章，参照这份奏章的题名顺序，可以将上述五位顾命大臣依次排列如下：丞相车千秋、大司马大将军霍光、车骑将军驸马都尉金日磾、左将军太仆上官桀、御史大夫桑弘羊。"领尚书事"的霍光及其两位副手，都拥有将军头衔，而正是这种"将军"身份使其得以位列御史大夫之上。除去"领尚书事"的职事和大将军的头衔，霍光便没有资格与车千秋平起平坐，更不用说在事实上高高凌驾于车氏了。而且从金日磾到上官桀、桑弘羊，官位恰好反转过来，逐次升高，其内重外轻、以卑驭尊的权术设计，是一目了然的。

这一顾命班底的设计，看似内外平衡，谁的权力都受到制约，难以独断专行，但问题的实质是西汉王朝和它所继承的嬴秦王朝一样，其政治体制本身就是专制的。在这一实质性因素的主导下，不管是权臣的控御欲望，还是实际行政运作的需要，都必然要打破这一"五臣共和"的局面，将全部权力集中到一位强臣的手上。这个强臣，就是汉武帝最为信任的霍光。

霍光首先采取联姻的办法，试图与上官桀和金日磾结成利益同盟，使这个"三人核心小组"完全听从自己的摆布。幸运的是，金日磾在一年多以后即患病去世，等于上天帮助霍光彻底扫除了一个障碍。上官桀的情况，则不够顺利。一开始两个人狼狈为奸，相互配合相当融洽，但因为两人都想独擅朝政，结果很快就发生了严重冲突。

上官桀后来设法活动，让自己的孙女、也就是霍光的外孙女入宫，成为昭帝的皇后，于是转而公开与霍光争权，最后发展到联络昭帝姊盖长公主、燕王旦、桑弘羊等，并"外连郡国豪杰以千数"，试图发动政变。结果，反遭霍光一网打尽，诬以图谋"废帝而立（上官）桀"的罪名，诛灭上官桀以及桑弘羊的宗族（《汉书》之《霍光传》《燕王旦传》《胡建传》《外戚传》）。这时距他们五人受诏辅政还不到八年时间，霍光就成功地清除了两位强劲的对手，除了他本人以外，武帝安排的顾命大臣，就只剩下丞相车千秋一人。

虽然史称五大臣辅政之初，便"政事壹决大将军光"，但霍光实际上还不能随心所欲。成功平定上官桀等人的反叛，使得霍光"威震海内"（《汉书》之《车千秋传》《霍光传》），这才真正确立其不可违逆的绝对权威。

在一年多以后，霍光就找到时机，借口车千秋的女婿少府徐仁放纵藏匿桑弘羊之子桑迁的桑弘羊故吏侯史吴，而车千秋擅行处置，"甚无状"，不仅将徐仁处以"弃市"，同时还以此彻底消除车千秋的威信，令百官群臣"视丞相亡（无）如也"（《汉书·霍光传》），使得所谓"丞相"，变成承命办事的吏员。霍光终于得以毫无羁绊地彻底专擅朝政。由于这位大司马大将军已经一手遮天，诚可谓"海内之命，断于掌握"（《汉书·张敞传》），就连昭帝本人也不敢再有丝毫主张。

这条登上权力顶峰的路，霍光走得十分顺畅，所有的障碍，都被顺利排除。不过，也有出乎霍光意料的事：这就是好不容易才得以不受任何制约地加以操控的汉昭帝，竟然在二十二岁就早早离世。这使得霍光不得不另行寻找一个新的傀儡，而霍光最初找到的傀儡，就是刘贺。

四

逝去的昭帝没有留下子嗣继承皇位。这样，新皇帝就应该从他的兄弟当中甄选。当时，"武帝六男独有广陵王胥在，群臣议所立，咸持广陵王"。这时朝廷百官已经几乎无人不仰承霍光旨意，绝不会齐心与他为难，所以，这一提案必定是基于朝野公认的常规，孰知却引得霍光"内不自安"（《汉书·霍光传》）。

霍光惴惴不安的原因，一点儿也不难揣测，这就是如同汉武帝舍弃燕王旦、广陵王胥以及昌邑王髆的实质原因一样，是出自对有能力也有势力的皇子的排斥；或者更准确地说，他是出自对广陵王刘胥的畏惧。这是因为广陵王刘胥君临一方王国已经四十三年，对权力的欲望和势力都不可小觑。昭帝在世时，见皇帝年少无子，他就动过觊觎之心，一旦登基即位，自然不会像已故的昭帝一样，像一只从小被拴在绳子上的小狗，可以任意操弄。再加上这位广陵王体格非常壮硕，力气之大足以扛起大鼎，甚至能够"空手搏熊彘猛兽"（《汉书·广陵王胥传》），一旦触怒龙颜，毋须刀斧手出面，自己就能轻易解决他这位"大司马大将军"。霍光当然没有勇气冒险，他的选择，是昌邑王二世刘贺。

根据相关情况来推测，霍光改而选用昌邑王刘贺，大概是基于如下几点考虑：第一，刘贺是武帝的孙子，辈分比刘胥低，更便于利用霍光自己的外孙女上官太后的名义来加以弹压。第二，刘贺当年还不到二十岁（估计大概在十八九岁），虽已成年，但政治经验很少，比较容易控制。第三，从《汉书》记述的一系列言谈举止来看，刘贺的神智肯定不是十分健全，当时人张敞称其"清狂不惠"。曹魏时人苏林对此解释说，所谓"清狂"，也就是"白痴"的另一种说法。

一般来说，白痴当然要更好对付一些。不过白痴也有白痴的坏处，就是往往不会审视利害、不按常理出牌，特别是昌邑王刘贺这种"清狂"型的白痴，毕竟还有"狂"的一面，若是完全失控发作起来，说不定会比正常人还难控制。

刘贺从进京的路上开始，直到进入未央宫领受皇帝玺绶，做出了一系列奇奇怪怪的举动，但都只是生活琐事，完全符合他清狂童骏的神智状态和"动作亡节"（按：即"动作无节"）的行为特征（《汉书·昌邑王髆附子贺传》）。

按理说，这些都是霍光意料之中的事情，也应该是他暗中得意的事情。可是，在刘贺登上皇帝御座仅仅二十七天之后，霍光却举述其一系列失于检点的生活琐事，冠以"行昏乱、危社稷"的罪状，动用上官皇太后的名义，将其废归故国。

除了"昏乱"之外，描述刘贺行为的词语，还有"淫辟""狂悖""狂乱无道""狂乱失道""淫乱"诸项词语，但在由上官太后主持的废黜刘贺帝位的仪式上，由丞相杨敞出面领衔奏上的罪状里，我们看到的实质性内容，仍然都是一些失于检点的生活琐事。

对此需要略加说明的是，考古发掘者已经披露，在海昏侯墓出土的简牍当中，包含有一些房中术文献。仅从相关展览图册上载录的一支房中术简来看，其内容与马王堆竹书《合阴阳》之"十修"特别是《天下至道谈》的"八道"相似，而较"八道"又有所变化，即延伸其"八道"为"十道"，用简单的话来概括，是讲在男女交媾过程中男性生殖器插入的角度、深浅和抽动频率之类性技巧。

然而，切莫以为这是多么荒唐，或有多么下作，房中术在当时，是堂而皇之的养生手段，当时人讲究这样的法术，是为了乐而有节，和平寿考，而不是什么荒淫放荡。因而，不宜依此来对海昏侯刘贺做道德审判，坐实其"淫乱"的罪名。

假如刘贺的举止行为，确实已经危及社稷，理应举朝上下尽人皆知，当霍光宣布废黜其帝位的决定时，人们自宜平静接受。

然而，当时的实际情况，是"群臣皆惊愕失色"（《汉书》之《昌邑王髆附子贺传》《霍光传》），这显示出并没有相应的征兆，其间必有隐情。

其实这一事件的真相并不难揭示，从昌邑王刘贺和霍光这两方面都能够找到清楚的线索。在独揽朝政多年之后，霍光遣人迎立昌邑王的意图，当时冷眼旁观者都一清二楚。在昌邑王入京时，其王府中尉王吉即特地上书，剀切陈情，业已着重谈到这一点，即非常明确地告诫昌邑王，他只是霍光选择的傀儡，故即位后只能像昭帝一样"垂拱南面"而"慎毋有所发"，绝不能触动霍光的权柄（《汉书·王吉传》）。

孰知刘贺并未能依言行事，竟然头脑发热，真的发号施令，像模像样地做起皇帝来了，以至于"受玺以来二十七日，使者旁午，持节诏诸官署征发，凡千一百二十七事"（《汉书·霍光传》）。若仅仅是一些寻常的日常政务，霍光或许还会任由他吆五喝六地折腾一阵儿，可是，刘贺竟然着手调整宫廷禁卫兵马，诏命"王相安乐迁长乐卫尉"（《汉书·循吏传·龚遂》）。

这长乐卫尉一官，可是非同小可，负责掌管太后寝宫长乐宫的戍卫工作。这是关系上官太后言谈举止乃至生命安危的紧要职位，而这位上官太后，也就是昭帝的皇后、霍光的外孙女，是霍光手里一张具有决定性作用的王牌。当初诛灭上官桀一家的时候，霍光特地把这位上官桀的孙女保全下来，以供他在必要时动用这张王牌，做一些为人臣子所不能做的事，讲一些面对皇帝老子所不宜讲的话。

正因为这是一个性命攸关的关键职位，容不得半点疏忽，是由霍光委派他的女婿来掌管的（《汉书·霍光传》）。现在，刘贺既然挪走他的家人而用自己的昌邑国旧臣替代，这也就意味着他很快就会动手对付霍光，最轻，也是要大大限制他的权力，实际更有可能是要直接要了他的性命。

刘贺的用意，傻子都明白是怎么回事，以霍光处事之精明，当然更是一清二楚。这已经到了你死我活的关键节点，霍光当然不能坐以待毙，而解决的办法，只有一个，这就是：先下手为强，抢先废黜刘贺，另选一个刘家子孙来做傀儡。

于是，仅仅坐了二十七天皇位的刘贺，命运就像坐过山车一样，转瞬之间，又从高峰跌入谷底，霍光以上官皇太后的名义，将其逐出未央宫，以一介庶民的身份而被禁锢在昌邑国故宫之中。

五

霍光发动宫廷政变赶走刘贺之后，依然需要扶持一位刘姓皇帝。这次，霍光选中了戾太子的孙子刘病已，也就是历史上的汉宣帝。

与刚刚赶走的刘贺相比，这位新皇帝的辈分又降低一辈，年龄则仍大致相当。对于霍光来说，这显然更有利于施展上官太后的权威，来帮助他控制朝政，而宣帝长养民间，岳父许广汉亦不过是一受刑宦者，没有政治势力做根基，同样也更容易摆布。从表面上看，似乎很容易再重新造就一个合乎霍家理想的傀儡皇帝。

然而，霍光及其家人和党羽都大大低估了汉宣帝的才智和实际能力。

汉宣帝自幼饱经磨难，与生长于皇宫王室而不知世事的昭帝、昌邑王完全不同。当初巫蛊祸起，卫太子及其嫔妃儿孙们举家遇害，这位刘病已赖廷尉监邴吉怜悯，得以幸存于世。长期的民间生活和适宜的文化修养，使得他能够洞悉世事人情，完全有能力识破霍光一班人操弄权术的手腕而知所进退。他既不会像昭帝那样永远听任霍光摆布，也明白现实的情况是宫廷内外都在霍家的严密掌控之中，稍有不慎，就会丧身殒命，所以绝不会像刘贺那样鲁莽行事。

汉宣帝只是冷静观察形势，耐心等待下手的时机。只能等，没别的办法。以至于除了宗庙的祭祖典礼之外，宣帝一概不予闻问，一任大将军霍光处置。对此，霍光当然是心满意足。

在痛苦的忍耐中又度过三年之后，直到地节二年（前68）三月，也就是在他登上帝位六年多以后，汉宣帝终于熬到了出头的日子：他终于等到了霍光死去的时刻。

然而，宣帝并没有做出任何清算的举动。经过长达二十年的经营，霍家子弟党羽遍布朝廷各个要害部门，稍有差池，就会自身不保。宣帝充分施展他的智慧和手腕，来安抚迷惑霍光家人，既厚葬美谥，又封赏子弟，特别是诏命霍光兄霍去病的孙子霍山"以车骑都尉领尚书事"（《汉书》之《宣帝纪》《霍光传》），差不多依照原样顶替了霍光原来的权位，霍家似乎势焰依旧。

不过，在经过短暂酝酿之后，从这一年五月起，宣帝开始"亲政"亦即直接处理朝廷日常政务了。摆脱牢笼的老虎谨慎地亮出了爪牙。在保持霍山领尚书事职位的同时，宣帝复令群臣吏民抛开他直接向皇帝上奏封事。

与此同时，汉宣帝还向朝中百官以及天下民众发出了一个明确的政治信号：这就是更改正在行用的"本始六年"为"地节二年"，同时追改"本始五年"为"地节元年"。

通观武帝太初年间确立年号纪年制度以后西汉诸帝使用年号的情况可以看到，除了哀帝情况比较特殊，做过更为复杂的变换之外，其余每一位帝王使用年号，都有固定的年数，而且绝不与前面的皇帝相同。如武帝太初、天汉、太始、征和四号，皆四年而改，而昭帝始元、元凤二号，便六年一改；又如元帝五年一改元，成帝就四年一改元。这表明在当时人看来，年号的使用年限，意味着一种天运之数，天不变，数亦不变；反过来讲，天若有变，则数必更换。

霍光操纵昭帝，每隔六年改换一次年号。宣帝继位之后，本始年号依旧延续使用到第六个年头，这意味着霍光意欲借以表明从昭帝到宣帝，运数连贯，并没有变化，同样都是霍家的天下。也正因为如此，宣帝为转换运数，甫一亲政，便做出这种象征意义极强的"改元"举措，就是想向朝野公众发出明确无误的信息：宣帝独自奉天承运，不再延续昭帝（实际上也就是霍家）既有的运数。既然天运已经变换，人事势必相应更新，对专权擅政的强臣，则不能不顺应"天地之戒"，予以裁抑。

对于霍氏家族来说，这是一个非常严重的警告。按照汉宣帝本人的切身利益以及他的行事风格，假如霍家妻室子弟能够知所进退，及时敛手请罪，自求退处闲散之地，或许还能够保全身家性命。

所谓汉宣帝本人的切身利益，是指宣帝全赖霍光决策始得入主未央宫殿，对霍光的评价和对其家人的处置，都涉及宣帝本人入承大统的合法性问题。对于汉宣帝来说，这是高于一切的政治基础，不容稍有含糊。

据《汉书》之《昌邑王髆附子贺传》和《张敞传》记载，因心存忌惮，汉宣帝甫一视事，即特地安排曾切谏昌邑王谨慎行事的张敞出任山阳太守，以便监视遣返昌邑国故地的刘贺（当时刘贺旧封昌邑国已经"国除，为山阳郡"）；而且直到霍光去世五年之后的元康二年（前64），宣帝还指令张敞前去暗地察看昌邑王的动向，担心他东山再起，图谋大位，可见宣帝对自己能否稳坐皇位仍然存在很大忧虑。

在这种情况下，尽管内心对霍光其人深恶痛绝，表面上却不仅不宜"全盘否定"，还要继续加以尊崇，更不必非对其家人赶尽杀绝不可。故霍光死后，宣帝特别赞誉其茂盛功绩在于"定万世策以安宗庙"（《汉书·宣帝纪》）。逮甘露三年（前51），因"思股肱之美，乃图画其人于麒麟阁，法其形象"，以"明著中兴辅佐"，依然以霍光居于首位，而且其他诸臣俱"署其官爵姓名，唯霍光不名，曰大司马大将军博陆侯姓霍氏"，以示独尊于诸臣之上（《汉书·苏武传》）。考察古今类似举措，很容易体味汉宣帝玩弄这一手法的缘由。

无奈霍家这些权贵在"大司马大将军"的羽翼下飞扬跋扈日久，竟完全不知轻重，不仅不加收敛，反而益为骄恣豪横，竟然铤而走险。先是谋划投毒于太子，继之又策划以武力发动政变，从而逼迫宣帝不得不大肆杀戮。除昭帝霍后废处昭阳宫免除一死之外，霍氏"诸昆弟宾婚为侍中、诸曹、九卿、郡守"者以及"与霍氏相连坐诛灭者数千家"，以极其血腥的形式，彻底清除干净一代权臣的势力（《汉书》之《宣帝纪》《霍光传》《外戚传》《天文志》）。

六

在成功清除霍氏家族的势力之后，仍然面临着严重的政治考验，需要宣帝做出明智的处理。

由于霍光废黜刘贺帝位的合法性与汉宣帝登基做天子的合法性，这两件事一体相连；换句话来说，就是汉宣帝入承大统的合法性，是以废黜刘贺帝位的合法性为基础的。

宣帝即位之初，廷尉史路温舒上书言事，称其"深察祸变之故"，也就是深切审视刘贺之所以废位以及宣帝刘病已之所以代之而立，"乃皇天之所以开至圣也，故大将军受命武帝，股肱汉国，披肝胆，决大计，黜亡（无）义，立有德，辅天而行，然后宗庙以安，天下咸宁"（《汉书·路温舒传》），这些话，表面上的词句讲得煞是冠冕堂皇，但不过是为了让宣帝听起来更受用而已，实质上清楚挑明了废帝与新帝之间的兴替关系：有刘贺之废黜，才会有宣帝之登基。

因而，汉宣帝对刘贺很不放心。登基并且亲政之后，汉宣帝于地节三、四年间以至元康初年，派遣山阳太守张敞，不止一次亲赴昌邑国故宫，察看刘贺的动向；并由张敞指派丞吏频繁巡视监督其日常居处情况。

汉宣帝如此小心防范已经形同囚徒的刘贺，原因很简单，只能是出于霍光废黜其帝位的不正当性。这一行为，是无法获得旁观者真心认可的。

在诛灭霍氏家族后的第二年，也就是元康二年，汉宣帝指令山阳郡太守向他汇报刘贺的详细情况，因为张敞去做山阳太守，是他特地委派的，目的就是监视居处昌邑国故宫里面的刘贺。张敞来到山阳郡做太守，帮助汉宣帝监视废皇帝刘贺，已经三年多时间。那么，为什么在这个时候，汉宣帝需要他来汇报相关情况呢？

在全面清除霍氏家族的势力之后，总的局势虽然已经稳定，但仍有一些遗留问题，需要审慎处理。其中一个重要问题，就是宣帝本人因是被霍光选定始得以继位，他继承帝位是以刘贺的废黜为前提的，而霍光以人臣之身废黜刘贺，这是违背最基本的伦理准则的，也是悖逆天地纲常的大逆不道行为。

为了进一步稳定局势，汉宣帝在铲除霍氏家族后陆续做了一些笼络人心的工作。例如，他在元康元年（前65）五月下诏：

"复高皇帝功臣绛侯周勃等百三十六人家子孙，令奉祭祀，世世勿绝。"（《汉书·宣帝纪》）即通过免除这一百三十六家开国功臣子孙所承担的赋税和徭役，来争取更多的人认可这一既定的局面，以扩大和稳固统治的基础。

在这种情况下，同样需要对废皇帝刘贺做出妥当的处置，而处置的前提，是首先需要充分了解刘贺的状况。于是，汉宣帝便向张敞发出指令，命其报告相关的情况。张敞给汉宣帝提供的报告非常详细、具体，而这份绘形绘色的报告，足以让汉宣帝确认，刘贺确实是个傻乎乎的角色，知其不足为患。

这样，又经过一番很审慎的思考，汉宣帝就在下一年的元康三年（前63）三月壬子，下诏封授刘贺为海昏侯，移居豫章郡的彭蠡泽畔。联系前述种种政治变化，便不难知晓，这实际上是要给汉昭帝去世以来的这段历史做一个了结：随着汉宣帝对朝政控制的稳固，已经不必再对刘贺有更多顾忌，从而改变其变相囚禁的状态，恢复正常生活。这对刘贺是一种善意的安抚，将有助于调节各方面关系。

不过霍光以非常手段废黜刘贺的阴影，尚未全部消散。由于这涉及汉宣帝登上帝位的合法性，汉宣帝对刘贺仍不能完全放松看管，这就是在册封刘贺为海昏侯时，还给他附加了一条大大的尾巴：命其"不宜得奉宗庙朝聘之礼"（《汉书·昌邑王髆附子贺传》），也就是再不得参与在刘家宗庙举行的祭祖等各项仪式。

这等于剥夺了刘贺作为汉高祖后裔的资格，从表面形式上看，显然是一种严重的羞辱。汉宣帝既然想要通过封侯来安抚刘贺，那么，为什么又命刘贺不得"奉宗庙朝聘之礼"呢？其间的缘由，不难揣测，问题仍然出在刘贺被废黜帝位悖理非法，而这又会影响到宣帝继位的正当性问题，所以，宣帝不得不防。

要是让刘贺像所有王侯一样，每年来京参与朝会祭祀，他就有机会和来自各地的王侯特别是刘氏子孙当面接触，言谈往来之间，这些王爷、侯爷们很容易看出，这是一位与他们很多人一样的普通公子哥儿，虽然不大着调，缺乏做好皇帝的素质，但也绝不是什么荒淫的君主。

这些情况，对于以前就与刘贺一道参与过类似朝会之礼的王侯来说，或许并不新鲜，但更重要的是，刘贺会有机会亲口向这些王侯们清楚讲述霍光发动宫廷政变的详细情况，讲述霍光的专横和强暴。这样一来，他就会博得广泛的同情，甚至激起一些人的愤慨，自然就会产生不利于宣帝的舆论。现在把他逐放到江南的豫章，令其不再北返，也就彻底消除了这个隐患。

时势如此。这对刘贺，对汉宣帝，对所有刘家人来说，都可以说是一个最允当的安排，充分体现了汉宣帝的政治智慧和处理政事的手腕。刘贺的脑子要是稍微清醒一些，便可以在彭蠡泽畔安安稳稳地享受那里的山光水色，度过自己的余生，并将侯位传之于子孙后世。

无奈他的脑子确实太不清楚了，竟然随便跟身边的闲人讲什么当初本可先动手斩杀大将军霍光，这样也就不会失去帝位；还幻想什么要被晋升一格，成为豫章王。如此一来，汉宣帝岂能放任不管，谁知道这个没长脑子的傻瓜还会做出什么出人意料的事来！

于是，汉宣帝当即对刘贺加以警告，削减其食封户数，以示惩处。不过，对于刘贺这位公子哥儿来说，这样的惩戒，是否能够奏效，实际上亦未可知。对不知哭好还是笑好的汉宣帝来说，好在上天佑助，很快就把这个萌萌的傻家伙带离了人世，让汉宣帝，也让大汉王朝彻底摆脱了武帝故世以来霍光专擅朝政的阴影，也给这一漫长时段的宫廷政治画上了一个清楚的句号。

2017 年 4 月 11 日草稿
2017 年 4 月 21 日晚讲说于上海震旦博物馆一楼多功能厅

说"大刘"

　　海昏侯刘贺墓出土的"大刘记印"玉印，引发人们诸多猜想，多以为"大刘"之"大"与汉家皇族有关，甚至与刘贺的废皇帝经历有关。

　　到目前为止，我见到的比较严谨深入的论证，是两篇专题论文：一篇是熊长云的《海昏侯墓"大刘记印"小考》，起初发表在 2015 年 12 月 18 日《中国文物报》第 6 版；后改题为《海昏侯墓的"大刘记印"能判定墓主身份吗？》，重刊于 2015 年 12 月 19 日《澎湃新闻》。另一篇是王刚的《海昏侯墓"大刘记印"

图 2　海昏侯刘贺墓出土
　　　"大刘记印"玉印

图 3　熊长云文中引述的《十钟
山房印举》资料

研究二题》，刊载在《江西师范大学学报》2016 年第 2 期。

熊文发表在先。作者援引清人陈介祺在《十钟山房印举》中收录的玺印数据以及其他一些同类数据，论证汉人私印印文每有"巨＋姓氏"或"大＋姓氏"者，如"巨李""大朱君"和"大徐千万"等，总结为"汉印称谓中仅包含姓氏，则表明称谓中的家族指向性"，这一点自然准确无误。

不过熊长云接下来又讲道："基于这样的理解，'大刘记印'应属私印，侧重于彰显刘氏的皇族身份。"这样的说法是否十分准确，似乎就可以再加斟酌了。彰显"刘氏"，理固然也，但若谓带有彰显其"皇族身份"的意味，或未必然。如熊氏引述的"大朱""大徐"等印，即均无彰显其家族具有某种特殊地位的效用，独此"大刘"是在彰显自己的皇族身份，在情理上是很不通畅的。

不管是在姓氏前面冠加以"巨"字还是"大"字，都可以起到夸耀其姓氏显赫的作用，但它的作用也仅此而已，不会再给玺印主人的姓氏添加其他任何自家独有的标签。不然的话，这种形式的玺印也就不会成为一种普遍通行的用法。这就像大陆上疆域辽阔的清国可以号称"大清"，但海隅诸岛上的日本也可以标榜

图 4 巢湖放王岗一号汉墓
出土墓主人印章印文

为"大日本"一样,"大"字本身,可以适用于所有国家,并没
有特殊的指向。

在安徽省文物考古研究所和巢湖市文物管理所合编的《巢湖
汉墓》(文物出版社,2007 年)一书中,我们可以看到,书中载
述的放王岗一号汉墓,出土了一个在底部刻画有"大吕"注记的
漆耳杯。这座墓主人的姓名为"吕柯",从而可知所谓"大吕"
一定是在姓氏"吕"字之前冠以"大"字,其词语构成一如前述
"大+姓氏"式的汉代玺印。这座墓葬属西汉武帝时期,考古工
作者推测墓主人是"西汉中期该地区的最高行政长官(县令长),
或富甲一方的大商贾"。不管到底是哪一种人,其社会地位都远
不能与刘氏皇族相比,却也能够自称"大吕",说明这个"大"
字不过是一个很普通的自夸之词而已,没有理由一定要把它和特
定的族属相对应。

类似的情况,还有安徽天长三角圩西汉晚期桓平墓室出土的
三张漆案,背面均书有"大桓"二字。这位名叫"桓平"的人,
是广陵国的"谒者",位阶很低,而且是埋葬在他的家族墓地之

图 5　可能是刻画有"大吕"
　　　二字的漆耳杯底部
　　　（按：图中注记不清，书
　　　中未作清楚说明，推测
　　　或为此杯）

内，从墓室的规模来看，墓地内其他族人的社会地位也不会比他更高。这可以进一步说明，以"大"字来夸耀自己的氏族，实在是一种非常通行的做法。关于桓平墓室和这个桓氏家族墓地的详细情况，请查看安徽省文物考古研究所编著的《天长三角圩墓地》（科学出版社，2013 年）一书以及安徽省文物考古研究所、天长县文物管理所撰写的《安徽天长县三角圩战国西汉墓出土文物》（《文物》1993 年第 9 期）这篇文章（附按：关于三角圩汉墓的情况，是本文在微信公众号上公布后，承蒙网友"东海龙王"帮助提供相关信息，谨致谢意）。

综合考虑上述情况，我认为，"大刘记印"中的"大刘"，与上述"大朱""大徐""大吕""大桓"诸事一样，只是依循当时的通例，在姓氏前面冠加一个"大"字，聊以自夸，并没有其他任何深意。皇族是人，废皇帝也是人，按照世人通行的做法来做事，这本来是很正常、也很平常的事情，殊不必强作他解。

图 6 安徽天长三角圩西汉晚期桓平墓室出土的"桓平私印"印章

图 7 安徽天长三角圩西汉晚期桓平墓室出土背面书有"大桓"二字的漆案

至于王刚《海昏侯墓"大刘记印"研究二题》一文，不同意熊长云的说法，以为"'大'刘之'大'，与彰显姓氏的显赫关联不大"，而"主要与年辈相关"，即"汉代称'大'者，为父辈人物，印主刘贺为宣帝叔父辈，特制此印以隐约表达自己的身份及情愫"，再由此进一步发挥，称"此印有着《春秋》笔法'，背后反映着武、宣时代的政治问题。具体说来：1.'大'有大宗、正统的指向，由此，'大刘'隐隐有着争皇家正统的考虑。2.'大'有昌大、兴旺及壮大之义"，等等，这恐怕有些求之过深，想得太多了。

报章上其他的解释，还有一些，但往往更不符合历史实际。譬如有人说"大刘记"是刘贺的一个商号，并由此推导出刘贺像陶朱公一样在海昏经商致富的离奇故事，这不过是茶馆里摆龙门阵，只要有人喜欢听，就让人家讲好了。

2018 年 5 月 8 日记

2018 年 5 月 24 日修订

刘贺是哪一天受封为海昏侯的?

地节三年(前67)五月,在成功清除霍家势力之后,汉宣帝选派张敞到由昌邑国改设的山阳郡去做太守,令其监视软禁在昌邑国故宫之中的刘贺。[①] 随着对政权控制的日益稳固,至元康二年(前64),汉宣帝又派遣一位特使,送一封"玺书"给张敞,让他"谨备盗贼,察往来过客"。从字面上看,好像没有什么特别的事情,但汉宣帝同时还特别叮嘱张敞"毋下所赐书",也就是让他不要把这封信的内容泄露出去[②]。俗话说,欲盖弥彰,这就透露出其中的玄机:汉宣帝刘询实际上是让张敞系统报告所察知的情况。

张敞对于宣帝的意思,当然心知肚明。于是,马上就作了缜密细致的汇报。阅读这份汇报材料的结果,使宣帝得以确认,刘

---

① 《汉书》(北京,中华书局,1962)卷七六《张敞传》,页3216—3217;又卷六三《武五子传·昌邑王髆附子贺》,页2767。

② 《汉书》卷六三《武五子传·昌邑王髆附子贺》并唐颜师古注,页2767。

贺确实是个傻乎乎的角色，"由此知贺不足忌"①。

在这种情况下，为了进一步安抚人心，建设美好的和谐社会，汉宣帝决定，对武帝去世以来因汉家帝位传承而造成的长时期纷扰，做一了断，这就需要对刘贺的归宿做一个合理的安排。

于是，在元康三年（前63），宣帝下诏封授刘贺为海昏侯，令其居处江南豫章郡，远离朝廷政治。

关于册封刘贺的具体时间，《汉书》的记载，略有歧异。本来这也算不上什么大不了的问题，没有必要非弄清楚不可，但由于海昏侯墓的发现和下一步的展览、参观以及学者们对相关出土文物、文献的研究，人们总希望能了解得更为明白一些。为此，在这里就不嫌词费，稍事辨析，以飨看客好奇之心。

关于这件事，《汉书·王子侯表》的记述最为具体，乃记云刘贺受封为海昏侯事在元康三年"四月壬子"②。已经具体到哪一天了，乍看起来，似乎明晰无误。可是《汉书·宣帝纪》则记述汉宣帝是在这一年的"三月"下诏册封刘贺。

一般来说，我们在读正史的时候，本纪记述的时间，因大多有官方的档案做依据，往往要比列传、志和表的记述更准确一些。但这是很一般的原则，有的时候，本纪中有些纪事并不是出自源文件，特别是《汉书》，其中还有很多班固刻意"建构"的内容。例如，汉武帝太初以前一些与年号有关的"祥瑞"出现的

---

① 《汉书》卷六三《武五子传·昌邑王髆附子贺》，页2768。
② 《汉书》卷一五下《王子侯表》下，页493。

年份以及年号使用的时间，就有不少这样的情况。因此，究竟哪一种记载更为准确，还需要通过其他途径加以验核。

检陈垣《二十史朔闰表》，知元康三年四月癸亥朔，壬子在此日前十一天，故四月无壬子；又元康三年三月甲午朔，壬子为是月第十九天①。据此可以判别，《汉书·王子侯表》所记"四月壬子"，肯定存在讹误。不过"壬子"这个日子记述得如此具体，一定出自原始的档册，而不会是胡编乱造而来。

又检《汉书·昌邑王传》系此事于元康三年之"春"。②按照古人的通行用法，三月属"春"而四月已经入"夏"（正月、二月、三月三个月为"春"，而四月、五月、六月三个月为"夏"）。参照这一点，可以认定，《王子侯表》之"四月壬子"，应是"三月壬子"的讹误，即在《汉书》的传抄流传过程中，"三月"讹变成了"四月"。盖"三"与"四"相混淆致讹，是古书文字讹变的一种常见现象，殊不足怪也。③

也就是说，刘贺在元康三年受封为海昏侯的具体日期，应当月从《汉书》之《宣帝纪》与《昌邑王传》，而具体的日子，则要遵信《汉书·王子侯表》的记载。

讲到这儿，有些人也许还想知道（江西南昌人尤其容易产生

---

① 陈垣《二十史朔闰表》（北京，中华书局，1962），页18。

② 《汉书》卷六三《武五子传·昌邑王髆附子贺》，页2767—2769。

③ 清王引之《经义述闻》（南京，江苏古籍出版社，2000）卷三二《通说》下"形讹"条，页778。清段玉裁《说文解字注》（上海，上海古籍出版社，1988）卷一四"四"字，页737。

这样的冲动），那么，换算成现在普遍使用的阳历，刘贺到底是哪一天被册封到海昏（关于"海昏"二字的含义，很快我将刊布另一篇札记，予以述说）这里来的呢？——这样南昌人就可以在每年的这一天，都举行一次盛大庆祝活动，庆祝这位废皇帝带给大家的欢乐和财富，同时也带来了一个振兴江西历史研究的契机。

关于这一点，实在遗憾。这好像还真的没有办法换算，因为傻瓜刘贺来得太早了，那时候还没有阳历。好在天文台颁布的黄历，也还附有战国以来的老历法，和海昏侯活着的时候，差不了多少，用这套老办法，大致也还能对付。

册封刘贺为海昏侯的元康三年三月壬子，换一种说法，便是戊午年三月十九。用老百姓通俗的说法，被霍光野蛮拉下马来的刘贺到南昌的时候，是在马年。"猴年马月"，是等不及的日子，马年，则每十二年就会重复一次。

这就是用旧历的好处：可以六十年一大庆，十二年一中庆，至于每年一到农历三月十九，当然必不可少地要搞他一次小庆。狂欢到晚上，要是运气好，赶上晴天，还一定能看到像 C 字一样的下弦月，画境诗意，足以令人想入非非。这是采用汉代历法最大的优越性。

2016 年 6 月 16 日记

海昏侯刘贺得的是什么病？

　　刘贺在由昌邑国入京做皇帝之前和做皇帝期间，直至被废黜之时，身体都很健康，未闻患有什么严重的疾病。譬如，在昌邑国为一方之王时，刘贺即以"好游猎，驱驰国中"而著称，有时竟会"曾不半日而驰二百里"，身手显然颇为矫健①。直至入京登基之前不久，明明知道昭帝生命危殆，依旧"弋猎驰骋如故"②。

　　至其被从未央宫中废归昌邑故国之后，终日困居旧日王宫，犹如高级囚徒，身体也开始出现问题。

　　地节四年（前66）九月，汉宣帝派遣山阳郡太守张敞，进入昌邑国王故宫，探究刘贺的底细。这位张太守向皇帝汇报说：

　　　　臣敞入视居处状，故王年二十六七，为人青黑色，小

---

① 《汉书》（北京，中华书局，1962）卷七二《王吉传》，页3058。
② 《汉书》卷二七中之上《五行志》中之上，页1366。

目，鼻末锐卑，少须眉，身体长大，疾瘘，行步不便。[1]

昔日跨身马上"弋猎驰骋"的雄姿，已不复见，映入张敞眼中的只是一位路都走不稳当的病人。

那么，这种"瘘"病到底是什么病呢？或者更准确地说，它到底相当于现代医学中的哪一种疾病呢？严格地说，我们生在两千多年以后的人，是很难给古人诊断病症的，但通过历史文献的描述，有时也能透露其基本病况，在一定程度上，给我们提供了推测的可能。江西南昌的海昏侯墓室被发掘后，有很多关心刘贺的人，就想要对此一探究竟。其中有些人，已经宣布诊断的结果，说是"风湿"，也就是风湿性关节炎。这当然很有可能。但我想，刘贺更有可能罹患的是另外一种疾病，即类风湿性关节炎。

从总体上看，类风湿病的发病率虽然大大低于风湿病，但也很普遍。西汉晚期的哀帝，也得了这种"瘘"病。所谓"瘘"，或称"瘘痹"，曹魏时人如淳解释说，就是"病两足不能相过"，唐人颜师古称其病乃"风湿不仁"[2]。其具体症状，包括"四支（肢）拘挛，膝痛不可伸"等[3]。这比张敞所描摹的"行步不便"，

---

① 《汉书》卷六三《武五子传·昌邑王髆附子贺》，页 2767。

② 《汉书》卷一一《哀帝纪》并唐颜师古注，页 345。汉史游《急就篇》（南京，江苏古籍出版社，1988，影印清光绪浙江书局刻《玉海》附印宋王应麟《急就篇补注》本）卷四唐颜师古注，页 71。

③ 宋李昉等《太平御览》（北京，中华书局，1960，影印宋本）卷九九二《药部·牛膝》引《本草经》，页 4392。

要更为具体，也更为清晰。借此病症，我们可以来分析一下刘贺到底患哪一种疾病的可能性更大。

我的家乡在东北，那是个很寒冷的地方。在那里，由于气候的影响，风湿性关节炎的发病率很高。所以，我从小就见过很多这种病人。在亲眼所见的大量风湿性关节炎患者中，至少在很年轻的时候，是绝对没有人会病到"四肢拘挛，膝痛不可伸"以至于"两足不能相过"（后脚迈不过前脚）的程度的。活动虽稍有不便，但对生活状态的影响，相对比较轻微，大致都可以正常生活。故张敞对此，不至于用"行步不便"这样的词语来特加表述。

然而，类风湿病大多会对身体造成像上述历史文献所描述的损害。在经历急性发作期而转入相对稳定的状态之后，病人通常会出现不同程度的四肢乃至躯干的"拘挛"，亦即骨骼变形，若是下肢病变，就会显现"膝痛不可伸"的症状。这种骨骼畸形扭曲对病人生活状态的影响，远远大于风湿性关节炎。简单地说，这两种病的名称虽然只差一个字，但给病人造成的损害，差别显著。在这一点上，二者根本不是一个量级的。

湖北沙市关沮周家台秦墓出土的简牍，就有专治"痿"病的药方，其中含有毒性很强的乌头等药，可以从侧面印证这一病症的顽固程度和严重程度。[1] 正因为如此，西汉大儒董仲舒，甚至

---

[1] 湖北省荆州市周梁玉桥遗址博物馆《关沮秦汉墓简牍》（北京，中华书局，2001）之《图版》三九第 324—325 号简，又《简牍释文与考释·周家台三〇号秦墓简牍·病方及其他》，页 49，页 129。

会把人君罹患此疾，看作其"简宗庙，不祷祀，废祭祀，执法不顺，逆天时"等举止所招致的一种神谴。①

当年汉哀帝为治疗这一顽症，甚至还采用过重改元、再开张之类的厌胜法术②，可是终究无济于事。其实时至今日，对类风湿病仍然没有特效药物进行治疗，无法完全治愈。

值得注意的是，青壮年时期也是类风湿性关节炎的一个高发年龄段，而且与年长的患者相比，病情往往会比较严重。汉哀帝发病时只有二十出头③；张敞看到刘贺时，刘贺也不过"年二十六七"，而这时他已被废黜八年，实际患病时间可能早到被驱离长安之初，也正当二十上下的年龄。与此相比，风湿性关节炎患者的病情，往往是缓慢递进的，很少有人在年轻的时候，就出现像刘贺和汉哀帝一样严重的症状。

综合考虑上面这些因素，我倾向于认为，刘贺很可能是得了类风湿性关节炎。这一严重疾病，使他在忍受霍光施加的精神羞辱的同时，还要忍受病痛的啮噬。

2017 年 2 月 21 日记

---

① 汉董仲舒《春秋繁露·五行逆顺》，据清苏舆《春秋繁露义证》（北京，中华书局，1992）卷一三，页380—381。
② 《汉书》卷一一《哀帝纪》，页345；又卷七五《李寻传》，页3193。参见拙著《建元与改元》（北京，中华书局，2013）下篇《所谓"天凤三年鄣郡都尉"砖铭文与秦"故鄣郡"的名称以及莽汉之际的年号问题》，页341—346。
③ 《汉书》卷一一《哀帝纪》并唐颜师古注，页344—345。

龚颉侯、东昏家与海昏侯爵号

江西南昌西汉海昏侯刘贺墓葬的发掘，引发了世人对刘贺其人的关注，其中"海昏"这一名称的涵义，尤为引人注目。其中有学者提出，"海昏"这一爵号"其涵义应有特别的政治象征意义"，谓其意即"晦昏"，"对刘贺道德层次、行为风格和执政表现的否定，都是明确的"①。要想准确认识这一问题，需要涉及很多内容，前此我曾撰写《海昏县里来的废皇帝》一文，对这一问题做了比较具体的讨论。这里从爵号和地名用字的通例角度，对此再予说明。

一 龚颉侯与海昏侯

两汉时期，列侯的名称，多直接承用封地的地名。北宋时人赵与时在谈到两汉列侯的名称时，谓"古之封侯，未有非地名

---

① 王子今《"海昏"名义考》，刊《中国史研究动态》2016年第2期，页39—53。

者"，这既是对历史传承的叙述，也是对两汉时期总体状况的一种认知。

不过，与此同时，赵与时还指出，在汉朝，存在一小部分"特被以嘉名"亦即自创寄寓美好象征意义或是政治期望的抽象名目，但这属于特殊的"非制"做法，即"若武帝封霍去病冠军侯、田千秋富民侯，昭帝封霍光博陆侯……以至镌胡、镌羌、向义、建策之类"，"武帝时又有张骞封博望侯，赵破奴封从票侯"。①

与此形式相似而意向相反的是，当时还有极个别列侯的名称，移用赵与时的表述形式来说，可以说是"被以恶名"，也就是其命名的方式，既非固有的地名，也不是具有嘉善寓意的抽象名称，而是所选择的词语带有贬损受封者的恶意。显而易见，恶语相加，这与授爵封侯的本意，绝然悖戾。因而，像这样的列侯名称，如前人已经注意到的那样，满打满算，在两汉时期，实际上只能举述出两个，一个是西汉初年刘邦封授的"羹颉侯"，另一个是东汉初年刘秀册封的"不义侯"。

关于"羹颉侯"和"不义侯"两个爵号，"羹颉侯"之封是在西汉初年，假如它不是承用现有的地名而确实是一个具有贬损语义的语词，那么，把"海昏侯"的"海昏"解释成为同样性质的负面语词，就有先例可依，亦即它是要使受封者"被以恶名"的可信性自亦随之增强。因此，下面将重点论述"羹颉侯"的问

---

① 宋赵与时《宾退录》（上海，上海古籍出版社，1983）卷八，页102—103。

题。另一方面，尽管前人不会依循后人的做法，但由于时代相距不是很远，二者也可以做一定的模拟，这里也将附带剖析东汉时期"不义侯"的特殊性质。

所谓"羹颉侯"受封事，见于《史记·楚元王世家》：

> 楚元王刘交者，高祖之同母少弟也。字游。高祖兄弟四人，长兄伯，伯蚤（早）卒。始高祖微时，尝辟事，时时与宾客过巨嫂食。嫂厌叔，叔与客来，嫂详（佯）为羹（羹）尽，栎釜，宾客以故去。已而视釜中尚有羹，高祖由此怨其嫂。及高祖为帝，封昆弟，而伯子独不得封。太上皇以为言，高祖曰："某非忘封之也，为其母不长者耳。"于是乃封其子信为羹颉侯。而王次兄仲于代。[①]

这里的叙述，时间次序不是十分清晰，似可稍加梳理。在汉高祖刘邦兄弟四人中，所谓"长兄伯"也就是刘老大早逝，而"次兄仲"也就是刘老二名曰刘喜，其受封代王的时间，是在高祖六年（前201）正月壬子[②]，小弟刘交受封为楚王，则是在此之前六天的正月丙午[③]。与此相比，刘邦封授大哥的儿子刘信为羹颉侯，是在下一年的年初，亦即高祖七年十月[④]，已经晚于二哥、四弟

---

① 《史记》（北京，中华书局，2014）卷五〇《楚元王世家》，页2413。
② 《汉书》（北京，中华书局，1962）卷一四《诸侯王表》，页398。
③ 《史记》卷一七《汉兴以来诸侯王年表》，页974。
④ 《汉书》卷三六《楚元王传》，页1922。

受封为王八九个月之久。因知《史记·楚元王世家》所说"及高祖为帝,封昆弟,而伯子独不得封,太上皇以为言"云云,即就此而言。

由《楚元王世家》叙述的情况可知,刘邦的大嫂(《史记》所称"巨嫂")在大哥去世之后,对其招致狐朋狗友来家里混饭,十分不满,故意刮锅出响("栎釜")以示羹饭已尽,驱赶这些所谓"宾客",这自然大大地扫了刘邦的面子。出于对大嫂的怨恨,刘邦才迟迟不封大哥的儿子,结果招致老爹不满,提醒他要给予合理的待遇。

需要注意的是,刘邦对他的二哥和小弟,是在高祖六年正月封授诸侯王之前,即已分别赐予了"文信君"和"宜信侯"的身份①,亦即早已或为封君,或为列侯(汉"列侯曰侯,关内侯曰君"②)。然而,及至两兄弟擢升王位之后,经老太公殷殷嘱托,才依例封予"伯子"一侯。《汉书·楚元王传》记同事书作"及立齐、代王,而伯子独不得侯,太上皇以为言"云云③,似较《史记》更加具体入微。

尽管如此,如同宋人赵与时所讲的那样,依据自古以来的通例,刘邦封授侄儿刘信为羹颉侯,似不应在封地地名之外别创寄寓褒贬语义的名称,盖赵与时所说"特被以嘉名"的爵号,俱出

---

① 《汉书》卷一下《高帝纪》下,页60—61。
② 清顾炎武《日知录》(上海,上海古籍出版社,1985,影印清道光十四年嘉定黄氏西溪草庐刻黄汝成《日知录集释》本)卷二二"封君"条,页1664。
③ 《汉书》卷三六《楚元王传》,页1922。

自武帝以后，此前尚别无同类事例。

然而，由于《史记·楚元王世家》记述封刘信以"羹颉侯"事，是以其嫂"栎釜"赶走来客为背景，所以，最早从东汉献帝时人荀悦起，就试图把"羹颉"之名，与刘邦长嫂"栎釜"事联结起来，说见荀悦《汉纪》：

> （高祖六年）春正月丙午，立刘贾为荆王，王五十三县。高帝兄弟四人，长曰伯，早卒，追号为武哀侯，封子信为刮羹侯。初，上微时，数将客过嫂食，嫂餍。食之，阳为羹尽，刮釜，上闻恶之。故号其子为刮羹侯。[①]

荀悦《汉纪》完全是依据《汉书》改编成书，《史记·楚元王世家》"嫂详为羹尽，栎釜，宾客以故去。已而视釜中尚有羹，高祖由此怨其嫂。……乃封其子信为羹颉侯"这一段内容，《汉书·楚元王传》记作"嫂……阳为羹尽，轑釜，客以故去。已而视釜中有羹，由是怨嫂。……封其子信为羹颉侯"，而东汉人服虔注云："轑，轹也。"唐人颜师古释云："以勺轹釜，令为声也。"[②] 这个"轹"显然等同于《史记·楚元王世家》的"栎"字。后人写录《汉书》，有直接将正文写作"轹釜"或是"铄釜"

---

① 汉荀悦《汉纪》（台北，鼎文书局，1977，影印明嘉靖黄姬水翻刻宋本）卷三，页22。
② 《汉书》卷三六《楚元王传》并唐颜师古注，页1922。

的 ①，显示出"辒釜"的涵义应该与"栎釜"没有什么差别。

　　荀悦将"辒釜"改书为"刮釜"，固然大致不误，但把"羹颉"写成"刮羹"，这是在历史著述中径改实际存在的专有名词用字，不仅荒唐过甚，实亦恰恰显露出很难从字面上把"羹颉"一名与刘信其母"栎釜"（辒釜）之举直接联系起来。换句话说，即至少在荀悦看来，"羹颉侯"这一名称与刘信之母"栎釜"（辒釜）的行为，并没有内在的联系。于是，荀氏便不得不按照自己对《汉书》相关记载的理解，强自改易"羹颉侯"的名称，于是就在我们面前推出了一个历史上从未有过的"刮羹侯"。

　　荀悦的困境，正显示出单纯从字面上看，"羹颉"二字很难清楚体现出贬抑的意味。溯本求源，荀悦对"羹颉侯"名称的改变，实际上应当只是改"颉羹侯"为"刮羹侯"。盖传世《汉书》版本，很早就有把"羹颉"乙误作"颉羹"者 ②，宋时还有人正式主张《汉书》的文字应以"颉羹"为正 ③。

　　之所以会出现这样的语序乙误，根本的原因，在于"羹颉"二字很难体现刘邦长嫂"栎釜"的往事。东汉时人服虔注"羹

---

① 宋李昉等《太平御览》（北京，中华书局，1960，影印南宋蜀刻本）卷二〇一《封建部·杂名号封》，页 970；又卷五一二《宗亲部·伯叔》，页 2330。

② 唐白居易《白氏六帖事类集》（北京，文物出版社，1987，影印傅增湘旧藏宋绍兴刻本）卷五，页 8a。宋李昉等《太平御览》卷二〇一《封建部·杂名号封》，页 970；又卷五一二《宗亲部·伯叔》，页 2330。

③ 见 2003 年线装书局出版《北京大学图书馆藏宋元珍本丛刊》影印宋庆元本《汉书》卷三六《楚元王传》（页 2a）附所谓宋祁校语。

颉"之"颉"系"音戞击之戞"①。"戞"乃"戛"之异写。这一看法，被唐初人颜师古所继承，并进一步解释说："颉音戛，言其母戛羹釜也。"②更明确地讲，封给刘信"羹颉侯"这一爵位，就是想要以此名称来彰显其母戛击羹釜的劣行。继此之后，唐开元时人司马贞对"羹颉侯"这一名称的来历，做出更为明晰的说明：

> 羹颉，爵号耳，非县邑名，以其栎釜故也。③

其与服虔、颜师古《汉书》旧注的差别，是非常清楚地排除了"羹颉"作为"县邑名"亦即地名的可能性。后世径将"羹颉"视作恶意爵号而以为与其封地地名无关的人，在很大程度上，都受到了司马贞这一说法的影响。

但按照前述服虔、颜师古的注音释义，所谓"羹颉"，亦即"对羹之戛击"，这与刘邦长嫂"栎釜"的行为，有明显出入。再说，"戛击"到"羹"上，弄不出多大动静，客人难以听到，这也明显不合乎常理。更重要的是，从语序上来讲，这种命名方式，也很不顺畅，精神正常的人，通常不会刻意创制出一个这么别扭的名号。这样看来，其实际情况，即如前文所说，很难从字

---

① 《汉书》卷一五上《王子侯表》上唐颜师古注，页427—428。
② 《汉书》卷三六《楚元王传》唐颜师古注，页1922。
③ 《史记》卷五〇《楚元王世家》唐司马贞《索隐》，页2413—2414。

面上把"羹颉"与"栎釜"之事直接联系起来。

明白这一点，就不难想象，"羹颉"之被误书为"颉羹"，在很大程度上，就是"颉羹"读起来要比"羹颉"更为顺畅一些。盖"戛"字另有"刮"之语义，这样，以"戛"音表"刮"意，"颉羹"也就成了荀悦所写的"刮羹"，尽管与"栎釜"的行为仍然迥不相同，但总比"羹颉"要稍微接近一些刘邦长嫂"详（佯）为羹尽"的史事。当然，司马贞提出这一解释，仍然是由于《史记·楚元王世家》记刘信受封"羹颉侯"事是以乃母"栎釜"逐客为背景的，亦可谓事出有因。

与司马贞约略同时而紧继其后注释《史记》的张守节，就因不满意司马贞这种十分勉强的解释，提出自己新的看法：

> 《括地志》云："羹颉山在妫州怀柔县东南十五里。"按：高祖取其山名为侯号者，怨故也。[①]

这种说法，符合汉武帝时期以前并无封地地名以外的列侯爵号这一总体状况，自然较司马贞所说更为合理。

不过，仔细斟酌，张守节这一说法，也存在比较严重的问题。清朝道光年间的学者沈涛曾就此论述说：

> 然汉世侯封，或以县名，或以乡名，或以亭名，从无以

---

① 《史记》卷五〇《楚元王世家》唐张守节《正义》，页 2413—2414。

山名者，必是羹颉以山名乡，高祖伯子封为羹颉乡侯耳。①

虽然这只是依据一般规律做出的推论，但顺情合理，应当比张守节因山为号的说法，要更为合理。

侯爵名号的来源是合理了，但核诸西汉侯国的地理分布状况，仍然存在很大问题。比沈涛要早很多，全祖望在乾隆年间，就看到了问题所在：

> 汉人分土，西不过西河、上郡，北不过涿郡、中山，其极边之地不以封。②

尽管"汉人分土，西不过西河、上郡"之说，不够准确，但"北不过涿郡、中山"，完全符合当时的实际情况。全氏复谓之曰：

> 汉人分土，凡边郡及巴蜀险恶之地皆不以封。③

全祖望归纳总结的上述分布规律，十分重要，只是对相关现象的认识，似乎尚且未达一间，窃以为巴蜀属于西汉时期大关中的

---

① 清沈涛《瑟榭丛谈》（北京，中华书局，《清人考订笔记丛刊》第一辑影印清道光二十五年沈氏自刊本）卷上，页13b—14a。
② 清全祖望《汉书地理志稽疑》（北京，中华书局，1955，重印《二十五史补编》本）卷五，页22。
③ 清全祖望《汉书地理志稽疑》卷六，页30。

地域范围 ①，先于全祖望，顾炎武亦尝总结出西汉"畿内无侯国"的侯国分布特征 ②，实则不仅畿内，整个函谷关、武关、扞关、柱蒲关、进桑关一线以西的大关中地区，都不封授侯国，自宜以关中或关西不置侯国来概括之，而在关东地区，则如全氏所云，系边郡不置侯国。西汉时期所谓"关内侯"一名，正是基于食邑列侯俱在关外亦即关东这样的分布形态。近年马孟龙系统研究西汉侯国地理，更为周详地论证了这一分布规律。③

与此分布状况明显抵牾的是，《括地志》记载的羹颉山，已在涿郡之北"极边之地"的西汉上谷郡境内，故羹颉侯若是受封于此，便是"独破此例"。在历史研究中，凡遇到像这样严重违背一般规律的现象，首先需要充分考虑其基本事实很可能存在谬误。令人遗憾的是，全祖望并没有科学对待司马贞基于地名相同而做出的这一猜想，反而顺从司马贞"怨故也"这一思路，称高祖于此"独破例者，欲就此山名也"④，即为体现对长嫂"栎釜"之事的怨恨而不得不破例把侄儿刘信封于此地。

羹颉侯刘信的封地，若是再没有其他任何文献记载，像这样

---

① 别详拙文《汉武帝"广关"与西汉前期地域控制的变迁》，原刊《中国历史地理论丛》2008 年第 2 期，后收入敝人文集《旧史舆地文录》（北京，中华书局，2013），页 152—164。

② 清顾炎武《日知录》卷二二"汉侯国"条，页 1657。

③ 马孟龙《西汉侯国地理》（上海，上海古籍出版社，2013）中编《侯国地理分布格局的变迁》，页 97—107，页 124—141，页 152—158，页 164—171，页 184—190，页 195—199，页 215—224。

④ 清全祖望《汉书地理志稽疑》卷五，页 22。

的推论，似乎也不妨姑备一说。然而，事实并非如此，我们还可以看到另外一些与此完全不同的记述。

北宋初年，乐史撰《太平寰宇记》，在淮南道滁州全椒县下记述说：

> 羹颉侯墓，在县城南。古老相传，今无碑石矣。[1]

羹颉侯刘信，在汉代并不是什么很有名的人物，《史记》《汉书》对他的记载，都只有寥寥数语，故此说不大可能出自无端的附会，应是有所因缘。

全椒其名，今仍沿承未变，在安徽省境内的长江北岸。全椒西南、同在今安徽境内的舒城，北宋时期，隶属于庐州，刘攽在仁宗嘉祐二年（1057）写有一篇《七门庙记》，即为建庙祭祀西汉羹颉侯刘信所作，文中谈道：

> 嘉祐二年，予为庐州从事，始以事至舒城，观所谓七门三堰者。问其居人，其溉田几何，对曰凡二万顷。考于图书，实魏扬州刺史刘馥所造。……后二年，校书郎包君廓为县主簿，尝与予语及之，包君谓予曰："馥信有功，然吾问于耆老，而得羹颉侯信焉。初，汉以龙舒之地封信为列侯，

---

[1] 宋乐史《太平寰宇记》（北京，中华书局，2007）卷一二八"淮南道滁州全椒县"条，页2527。

信乃为民畎浍，舒河以广溉浸。信为始基，至馥时废而复修耳。昔先王之典，有功及民则祀之。若信者，抑可谓有功者乎！然吾恨史策之有遗，而吾怜舒人之不忘其思也。今我将为侯庙，祀之，而以馥配子，幸为我记之焉。"予因曰："诺。"[1]

刘信在羹颉侯位上，前后不过十三年时间，至高后元年（前187），即"有罪，削爵一级，为关内侯"[2]，而当地故老对其兴修水利言之凿凿，恐怕也不会是无中生有。据此，则刘信封地应在舒城，而其安葬于全椒的说法，则很可能是由于他在舒城为民兴利的事迹传播于临近地区之后为当地人所比附。

需要说明的是，马孟龙在研究西汉侯国地理分布特征时指出："高帝时代存在不于异姓诸侯王国分封侯国的特征。"[3] 所说很有道理。而若是把羹颉侯的封地拟定在舒城，那么，高祖七年封授羹颉侯的时候，这里还是淮南王黥布的属地[4]，似与马孟龙所说这一特征冲突。但如同马孟龙已经谈到的那样，这一特征并

① 宋吕祖谦《皇朝文鉴》（上海，商务印书馆，民国《四部丛刊初编》缩印本影印常熟瞿氏铁琴铜剑楼藏宋刊本）卷八一刘攽《七门庙记》，页 869。
② 《史记》卷一八《高祖功臣侯者年表》，页 1105。《汉书》卷一五上《王子侯表》上，页 427—428。
③ 马孟龙《西汉侯国地理》中编第二章第三节《高帝十年侯国分布特征概述》，页 134—136。
④ 周振鹤《西汉政区地理》（北京，人民出版社，1987）第四章第一节《英布、刘长之淮南国》，页 46—47。

| 海昏侯新论

不绝对，在一定条件下，异姓诸侯王国境内，也有侯国存在。因此，目前应该在充分尊重刘攽所记羹颉侯封地情况的基础上，对相关问题再做更深入的探讨。这一说法，至少反映出确认羹颉侯封地的复杂性，即使这一地点仍不可靠，也没有理由接受张守节的说法。

羹颉侯之受封，既然别有其地，而不是张守节所说的羹颉山旁，那么，这座羹颉山的得名，就与刘信的爵号毫无关联，既不会是因山名或是源自山名的乡名而得侯名，同样也不会是反转而来，因刘信侯国的爵号而为那座山头命名。这样一来，也就意味着"羹颉"一称，与刘邦长嫂是否"栎釜"以及是否"刮羹"，也没有一丝一毫的联系，不过是一个普通的地名而已。这就像春秋以来很有名的地名"不羹"一样[①]，说不清它的语义，就不必强自望文生义，妄加解说。

至于刘邦在封予刘信侯位时是不是刻意选择了这个与夏击羹釜事在字面上有所联系的地方，这种可能，倒不能排除，清人沈涛就认为，尽管刘邦没有自创爵号来贬损其嫂，却是"借羹颉之名，以寓轹釜之恨"[②]。由这一点出发，也就比较容易理解，为什么刘邦会在不大于异姓王国境内设置侯国的情况下，还是要把刘信的封国选在黥布的淮南国中——这是因为那里有"羹颉"这个

---

① 晋杜预《春秋经传集解》（上海，上海古籍出版社，1988）卷二二昭公十一年，页 1342—1343。《汉书》卷二八上《地理志》上，页 1560。
② 清沈涛《瑟榭丛谈》卷上，页 13b—14a。

在字面上与羹饭多少有些联系的地名。

尽管刘邦很可能心怀恶意，有意借侯国的名号来发泄对长嫂的不满，但仔细揣摩当时的情况，也能够看出刘邦对其长嫂的不满，并没有强烈到创制恶名以肆行伤害的程度。刘邦向他老父亲讲，之所以没有及时封授侄儿刘信列侯的爵位，是因为他母亲的行为乃"不长者"，而所谓"长者"与否，并不是说她对刘邦本人有多刻薄寡恩，而是说她在客人面前的表现，乃"非大方，非富贵气象"①，即不过令刘邦在宾客面前折损一些颜面而已。我们看他这位长嫂，后来也受封为"阴安侯"，汉廷群臣在吕后身后推选代王刘恒入京为新皇帝时，列名居首的宗室大佬，就是这位女性侯爵，她显然受到很高礼遇②。这也显示出刘邦与其长嫂之间的关系，并没有恶化到可以肆无忌惮地侮辱她儿子的程度；若是一定要加以侮辱，直接侮辱其嫂岂不更加合理，也更痛快？

再说刘信受封列侯，也不是全靠与刘邦之间的叔侄关系，总的来说，还是基于当时封赏功臣的通制。刘邦率先封授四弟刘交为楚王，是由于刘交从他起事时起，就一直随从他南北征战，"先有功也"。所以在这之后，才封二哥刘喜为代王。刘喜的功劳，则是为其侍奉老父刘太公，同样为刘邦打天下做出了很大贡

---

① 清俞正燮《癸巳类稿》（沈阳，辽宁教育出版社，2001，《新世纪万有文库》本）卷一一"长者义"条，页359—360。
② 《史记》卷一〇《孝文本纪》并刘宋裴骃《集解》，页528—529。

献①。刘信受封时列举的功绩，是"以高祖兄子从军，击反韩王信，为郎中将"②。这虽然算不上很大的战功，远不足以裂土封王（而且他的辈分已经低了一辈，不能和刘邦的亲弟兄相提并论），但毕竟冲锋陷阵，著有勋劳，足以享受列侯的待遇。

考虑到这些情况，刘邦刻意迟滞给刘信封侯的时间，并且很可能是有意选择"羹颉"这个地方作为他的封地，以对长嫂暗施报复，这已大致还算比较得体地发泄了内心的怨望，要是再做得过头，恐怕就失去分寸了；特别是上面还有老爹刘太公罩着，尤其需要有所节制。其事正如宋人苏轼所说："高祖号为大度，不记人过者，然不置辖釜之怨，独不畏太上皇缘此记分杯之语乎？"③

综上所述，汉高祖刘邦册封给他侄儿刘信的"羹颉侯"，其名称如同当时所有列侯爵号一样，只是封地的地名，并没有什么特殊的涵义，更不会是刘邦为体现刘信之母过往"劣迹"而创制的一个词语。既然如此，那么，在刘贺受封为海昏侯之前，也就没有出现过以贬抑的语词作为爵号来册封列侯的先例，至少我们现在还无法清楚证明这一点。

至于东汉时期光武帝刘秀册封的那个"不义侯"，事见《后汉书·彭宠传》：

---

① 《汉书》卷三六《楚元王传》，页 1921—1922。
② 《史记》卷一八《高祖功臣侯者年表》，页 1105。
③ 宋苏轼《东坡志林》（上海，华东师范大学出版社，1983）卷四"论汉高祖羹颉侯事"，页 334。

（彭宠）遂发兵反，拜署将帅，自将二万余人攻朱浮于
蓟……遂攻拔蓟城，自立为燕王。……五年春，宠斋，独在
便室。苍头子密等三人因宠卧寐，共缚着床……即斩宠及妻
头，置囊中……驰出城，因以诣阙。封为不义侯。^①

这显然是特殊时期所发生的一个特别事件。当时天下未定，师旅
四起，刘秀实无力一一亲加征讨，自当竭力拉拢利用像子密这样
的人，以促使更多的人效法其事，而封侯就是有力的褒赏手段。

然而，光武帝刘秀遇到一个很麻烦的问题：子密等人身份特
殊，是奴，并不是普通的平民。尽管刘秀一向同情奴婢的遭遇，
对其多有宽免。^②但与此同时，也正是从刘秀开始，才将儒家的
道德追求和礼法观念全面贯彻于国家的政治制度以及具体施政的
措施，对人主与奴婢之间的上下尊卑秩序，不容稍有忽视。故若
非事不得已，刘秀绝不会允许奴才来告发主子。这是个两难的选
择：不封侯，难以招徕各色人等邀功投靠，取得天下，平定天
下；给这种出卖主子的小人封侯，则违背儒家的基本道德和礼
法，日后终将难以治理天下，因此，对其又要有所限制。两相权
衡的结果，便是封侯，但在爵号上对子密这种大逆不道的行为有
所谴责，于是就有了"不义侯"这么一个奇怪的名称。

---

① 《后汉书》（北京，中华书局，1965）卷一二《彭宠传》，页503—505。
② 清赵翼《廿二史札记》（清嘉庆五年湛贻堂刻本）卷五"光武多免奴婢"条，页
　 12b—13a。

唐人白居易纂《六帖》，列有"封不义侯"条，述云："后汉诏讨彭宠者封侯，宠苍头奴子密杀宠，朝廷以奴杀主不义，复不可不封，乃封为不义侯。"[1] 书中没有注明这一条目的资料出处。清康熙时人姚之骃编著《后汉书补逸》，其中包含有《东观汉记》辑本，就是将上述内容补缀其中[2]。观《白氏六帖》本多引述《东观汉记》，可知姚氏这一做法应大致不误。是否已经有约在先，对捕获彭宠者将报以封侯，这只是相对表层的原因，刘秀封赏苍头子密更为深刻的内在原因，当如上文所述。但刘秀这一承诺，愈加凸显对苍头子密既不得不封而又实在不宜封赏的尖锐矛盾，显示出"不义侯"这一爵号是在极其独特的历史条件下才会出现的，通常很难再现类似的做法。汉宣帝册封刘贺为海昏侯，本来是出自对刘贺的安抚，并不存在类似的历史局面，没有陷入同样的困境，因而也就不会采用如此怪异的做法。

即使存在上述特殊的需求，刘秀特地给苍头奴子密授予这样一个侮辱性的爵号，仍然需要一定的前提条件，这就是：汉武帝时期，已经不再仅仅是沿承过去的传统，以封地的地名来定爵号，而是通过"被以嘉名"的形式，创制了一系列带有正向积极意义的美称嘉号。若是没有这一改变，刘秀恐怕也很难会想到用"不义侯"这样的爵号，来解决他所面临的封侯窘境。

---

① 唐白居易《白氏六帖事类集》卷六，页 37a—37b。
② 清姚之骃《后汉书补逸》（台北，台湾商务印书馆，1986，影印文渊阁《四库全书》本）卷二《东观汉记》第二，页 18a—18b。

同时，还有一点很重要、也很特殊的情况，这就是子密其人，身份为奴，至为低下。其实光武帝刘秀以"不义"名之，也正是基于这一情况，即所谓"礼不下庶人"是也，而很难对其他具有正常社会地位的人实行这种严重贬损人格的做法。世上恐怕也只有像子密这样卑微的人，才会甘心接受这样的爵位；至少对一生下来就是王子，后来又一度坐上皇帝宝座的刘贺来说，绝不会接受似此毁损人格的爵号。

二　东昏家与海昏侯

由于历史文献中对"海昏"一名没有明确记载，为更好地理解这一问题，我想首先应当关注当时地名用字的通例。西汉时期在陈留郡设有一个"东昏"县 [①]，就与"海昏"的名称在形式上颇有相似之处，这显示出"昏"字很可能是当时在一定范围内习用的地名"通称"。换句话来说，假如陈留郡的"东昏"县只是一个普通的地名，没有因为某种特别的历史原因而被赋予针对具体对象的褒贬语义，那么，豫章郡的"海昏侯"，就更有可能是按照一般的通例承用当地地名"海昏"而定立的爵号。

遗憾的是，《史记》《汉书》等有关西汉的基本典籍，对"东昏"也很少记载，难以从中了解这一地名的详细情况。不过，现在还是能够看到一些汉代遗留下来的器物铭文，提到"东昏"，

---

① 《汉书》卷二八上《地理志》上，页 1558。

图 8 《秦汉金文录》著录"东
　　 昏家行镫"铭文（左）
图 9 陕西历史博物馆征集
　　 "东昏家"铜灯铭文（右）

图 10 陕西历史博物馆征集"东昏家"铜灯

可以帮助我们澄清相关情况。

容庚在 1931 年出版的《秦汉金文录》一书，依据当时北平古董家黄濬的《尊古斋金文》，著录有一"东昬家行镫"，铭文曰"东昬家重十五两第二"①。就像海昏侯墓出土残木牍上"南藩海昏侯"的写法一样②，"昬"是"昏"字本来的写法，"东昬"亦即"东昏"。

无独有偶，2000 年 3 月，陕西历史博物馆又征集到一件汉代"东昬家"铜灯，有铭文云"东昬家并重四斤"③。

这两盏汉代铜灯的铭文，都有"东昬家"标记，而从当时的实际情况看，铜器铭文标记以"家"，指的并不是寻常百姓人家。

同类性质的铜器铭文，还可以见到很多，但当代出土汉代铜器中与此类似的铭文，应以满城汉墓二号墓出土的那盏带有"阳信家"铭文的"长信宫"灯最为引人注目④，而随后在陕西汉武帝茂陵一座陪葬墓中又发现了一大批同样标记为"阳信家"所有的铜器⑤，从而愈加引发了学者一探究竟的兴致。

① 容庚《秦汉金文录》(北京，中华书局，2012，重印民国二十年国立中央研究院历史语言研究所专刊本) 卷三，页 342，页 374。
② 江西省文物考古研究所、首都博物馆编《五色炫曜——南昌汉代海昏侯国考古成果》(南昌，江西人民出版社，2016)，页 192。
③ 陕西历史博物馆编《寻觅散落的瑰宝——陕西历史博物馆征集文物精粹》(西安，三秦出版社，2001)，页 27。
④ 中国社会科学院考古研究所、河北省文物管理处《满城汉墓发掘报告》(北京，文物出版社，1980)，页 355—262。
⑤ 咸阳区文管会、茂陵博物馆《陕西茂陵一号无名冢一号从葬坑的发掘》，刊《文物》1982 年第 9 期，页 1—8，图版一至四。

图 12　茂陵陪葬墓出土阳信家钟铭文

图 11　满城汉墓出土"长信宫"灯铭文

尽管学者们对所谓"阳信家"铜器的主人看法不一，但不外乎公主和列侯两种可能。就我个人而言，综合考虑各方面的情况，特别是茂陵陪葬墓这一特殊的出土地点，比较赞同考古发掘者和黄展岳提出的"阳信家"铜器主人是汉武帝长公主阳信公主这一看法 ①。类似器物铭文，还有黄展岳在论述"阳信家"铜器

① 负安志《谈"阳信家"铜器》，刊《文物》1982 年第 9 期，页 18—20。黄展岳《汉茂陵"阳信家"铜器所有者的问题》，原刊《考古与文物》1983 年第 6 期（署名"丰州"），又同人《再论汉茂陵"阳信家"铜器所有者的问题》，原刊《考古与文物》1989 年第 6 期（署名"丰州"），此并据作者文集《先秦两汉考古论丛》（北京，科学出版社，2008），页 44—53。

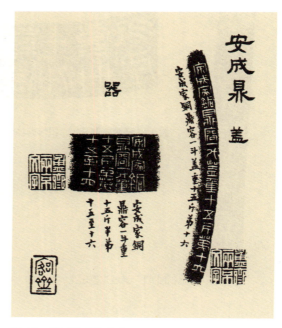

图 13 "馆陶家行钉
（镫）"铭文

图 14 "安成家鼎"铭文

时提到的属于馆陶长公主的"馆陶家行钉（镫）"等[①]。汉制，诸
公主设有"家令"[②]，公主以其名号如"阳信家"这样称作"某某
家"，与此应具有关联。

不过，汉代铜器铭文中似此以"某某家"相称者不只公

---

① 容庚《秦汉金文录》卷三，页 349，页 375。
② 《汉书》卷一九上《百官公卿表》上，页 730。

主，列侯同样可以用"爵号＋家"的形式在器物铭文中做标记。譬如，吴大澂《愙斋集古录》著录有一"安成家鼎"[①]，而《汉书·外戚恩泽侯表》记载成帝建始元年（前32）二月封有安成侯[②]，所谓"安成家鼎"，即应属于此安成侯所有。

尽管如此，我们还可以看到其他一些带有"某某家"铭文的铜器，在《汉书》等史籍载录的列侯名录中找不到这一"家"的名字，例如"博邑家鼎""橐邑家行镫""筑阳家小立镫"，由于《史记》《汉书》对汉代的列侯有比较全面的记录，而有关公主的情况，却没有系统的数据，只是偶然在《史记》《汉书》的纪传中留下个别一些公主的名号，所以，像"博邑家""橐邑家""筑阳家"乃至"东昏家"这样的称谓，更有可能是指"某公主家"。

汉代传世器物中，有一件"卫少主鼎"和另一件"卫少主钟"，其铭文曰"卫少主菅邑家五升鼎""卫少主菅邑家鼎"或"卫少主菅邑家"云云[③]。这里所说的"少主"，应是西汉皇室与年齿居首的"长公主"相对应的年龄较小的公主。

宣帝时萧望之为大鸿胪，史载，"先是，乌孙昆弥翁归靡因长罗侯常惠上书，愿以汉外孙元贵靡为嗣，得复尚少主，结婚内附，畔（叛）去匈奴。诏下公卿议，望之以为乌孙绝域，信其美言，万里结婚，非长策也。天子不听。神爵二年（前60），遣长

① 清吴大澂《愙斋集古录》（台北，台联国风出版社，1976，重印民国涵芬楼影印本）第二十六册，页1160。
② 《汉书》卷一八《外戚恩泽侯表》，页702。
③ 容庚《秦汉金文录》卷一，页161，页189；又卷二，页231，页264。

图 15 "卫少主鼎"铭文

罗侯惠使送公主配元贵靡"。曹魏时人苏林注此"少主"云:"宗室女也。"① 核诸《汉书》"送公主配元贵靡"的纪事,所说自是。

汉代铜器铭文所记"卫少主",应是汉武帝卫皇后所生年齿偏低的女儿。史载卫皇后子夫在先"生三女"之后,才在"元朔元年生男据"②,就是所谓"戾太子",故"卫少主"应即此三女之一。明此可知,"卫少主鼎"或"卫少主钟"铭文提到的"菅邑家",应当就是以其封邑"菅邑"后缀"家"字,"菅邑家"亦即"菅邑公主家"之谓也。

① 《汉书》卷七八《萧望之传》并唐颜师古注,页 3278。
② 《汉书》卷九七上《外戚传》上,页 3949。

参照这一事例，我想更有理由推测，包括"东昏家"在内的这些以"某地名＋家"的铜器铭文，若是找不到其为列侯之家或是归属于其他人家的明确证据，都应该首先将其定为某公主家所有的物品。

　　如前所述，在封侯的同时又给予一个"恶名"，这只能是在极特殊情况下出现的特别用法，通常不会出现这样的情况，而公主与天子的关系，自然较普通列侯更为近密，因而也就更不容易在赐予其汤沐邑的同时再强加一个贬斥的名号。若是出现这种极为罕见的情况，一定会有非常特别的原因，史书中理应予以记载。可是，我们在史籍中根本看不到相应的迹象。

　　在这种情况下，我们只能依据汉代曾立有"东昏公主"这一情况，推断"东昏"只是一个普通的地名。"东昏"既然如此，也就不宜贸然把与之相似的"海昏"看作汉宣帝为恶心废皇帝刘贺而刻意创制的"不雅"爵号。

　　　　　　　　　　　　　　　　2016 年 8 月 22 日记

彭蠡泽畔的落日斜晖

——海昏县名释义

一　为什么要谈这一问题

西汉在昭、宣二帝之间一度短暂居于帝位二十七天的废帝刘贺，后来被汉宣帝封授海昏侯，徙居今江西南昌西北不远的地方。刘贺来此不到四年时间，便命归黄泉，死后就被埋葬侯国境内——这就是最近发现并引发社会广泛关注的海昏侯墓。

在保存完好的海昏侯墓中，出土了大量文物和简牍文献资料，而对这些文物、文献的研究，才刚刚拉开序幕，相信会推动很多方面的研究取得新的进展。由于对这些文物、文献的整理工作还没有完全结束，因而也还没有正式公布大多数新发现的物品。

在这种情况下，相关研究工作，大多只能针对一些边缘性问题，或是主要依据《汉书》等传世基本典籍来研究刘贺的身世。我本人结合自己稍微熟悉一些的情况，写过一些文章，另外还出版了《海昏侯刘贺》这本小书，希望能够为学术界进一步研究海昏侯墓出土的文物、文献，多少提供一些参考。

在学术界已经探讨的这些问题当中，有一个基本问题，就是"海昏"爵号的来源，或者说朝廷在把刘贺的列侯名号定为"海昏"的时候，依据的到底是什么？

关于这一问题，已有王子今撰写专文，把"海昏"训释为"晦昏"，以为汉宣帝以此来寄寓特别的政治象征意义，即用以表示对刘贺道德层次、行为风格和执政表现的全面否定。[①]

对此，我的看法有些不同。我认为从当时的政治形势来看，汉宣帝把已形同囚徒的刘贺册封为海昏侯，是一种善意的举措，用以安抚刘贺以及其他刘姓皇室成员。盖宣帝本人依赖霍光强自废黜刘贺始得登上帝位，而刘姓皇族对霍光独揽朝政且擅行废立本已积怨甚久，这些人的怨恨情绪，需要适当纾解。在这种情况下，汉宣帝没有必要特地琢磨一个侮辱性很强的爵号冠加在刘贺的头上。此前，我曾先后撰写了《海昏县里来的废皇帝》和《羹颉侯、东昏家与海昏侯爵号》两篇文稿，详悉说明上述想法（前者已多融入小书《海昏侯刘贺》）。

我认为"海昏"只是西汉豫章郡下的一个普通县名，而以这样的封地旧有地名来做爵号，本是西汉时期最为通行的一般做法。可是，我所认定的"海昏"这个县名又具有什么样的涵义呢？或者说我们能否解析出这一县名字面上的语义呢？

解析古代地名的语义，情况比较复杂。有些简单明了，一望

---

① 王子今《"海昏"名义考》，刊《中国史研究动态》2016 年第 2 期，页 39—53。

可知；有些经过一番考索，也能求得顺情合理的答案；但也另有一些地名，是很难做出有根有据的说明的。对待这些一时还无从索解的地名，最好的态度是知之为知之，不知为不知，在条件还不具备的情况下，大多没有必要强求其本来的涵义。

生活中若是没有其他情况出现，对待"海昏"这个县名，我想最好也是这样，知道它是一个至迟在西汉就已经出现的地名就是了。然而，海昏侯墓的发现和发掘，以及随之而来的对墓室出土文物的展览与各种报道、介绍，引发了社会公众广泛的兴趣。受了解真相的好奇心驱使，人们也很想知道"海昏"这个名称到底是什么意思。江西当地人，这种好奇心可能更强。同时，如上所述，一些学者对这一专名提出的解释，还涉及对废帝刘贺的品行以及对相关政治史发展脉络的认识，于是，在学术上最好也能够尽量有所交代。

基于这样的现实需求，下面我就来勉强谈一下自己非常粗疏的想法。

二 "海昏"其地与相关地域的方位关系

地名用语与其他方面的语词一样，一个时代有一个时代的惯行方式和特点。对于一个具体地名来说，其构成文字和组合形态，在特定历史时期究竟属于怎样一种惯行方式和体现着怎样一种特征，往往不是一下子能够判断清楚的。在这种情况下，最好先归纳总结相同或相近时期同一形式的地名，以从中发现其内涵的意蕴。

　　前此，我在撰写《海昏县里来的废皇帝》和《羹颉侯、东昏家与海昏侯爵号》两篇文稿时，曾注意到同在西汉时期，在中原腹地的陈留郡，还设有一个叫作"东昏"的县。这个县名，在地名构成形式上，与"海昏"颇有相同之处，而没有任何迹象显示"东昏"两字在当时会具有诸如"昏乱""昏秽"之类特别的"政治象征意义"。这就提示我们，这两个地名共有的"昏"字，很可能是一个用作地名通称的后缀。

　　关于这个问题，早就有一些人提出，"昏"字表示黄昏时太阳所在的西方，故"海昏"意即居"海"之"西"，而这里所说的"海"，指的是现在称作"鄱阳湖"的这片水域。今年7月中旬，我在母校陕西师大做讲座，讲"海昏县里来的废皇帝"这一题目，其间有同学问我对这一解释的看法。我当时的回答是：地理方位不完全相符，还需要进一步斟酌。

　　其实这是我在分析"海昏侯"爵号的得名缘由时一直思考的问题。我说其地理方位不符，是因为今天的鄱阳湖水域，并不是在汉代就是这样。今天的鄱阳湖，是在古代彭蠡泽的基础上演变而来。按照张修桂的研究，汉唐间的彭蠡泽，水面比现在的鄱阳湖要小很多，水域也比现在的鄱阳湖要偏向北部很多，其南界不超过今都昌城西北的婴子口一线，湖区范围与今鄱阳北湖大体相当。这样一来，西汉海昏县，明显位于彭蠡泽西南一侧，而不是西方。张修桂编绘有一幅《汉唐鄱阳平原水系图》，可以很直观

图 16　张修桂绘制《汉唐鄱
阳平原水系图》

地看到这种方位关系。① 当然在《中国历史地图集》上，同样可
以看到这样的关系。

　　姑且不论"昏"字能否表示事实上存在的这种"西南"方
位。让我们先来看看，这里的"海"字是表示彭蠡泽这片水域
吗？答案是肯定的，试举当时人所称"西海""北海"的情况以

────────────

① 张修桂《中国历史地貌与古地图研究》（北京，社会科学文献出版社，2006）第
　一篇第二章第三节《鄱阳湖演变的历史过程》，页 162—180。

图 17　谭其骧主编《中国历史地图集》上的彭蠡泽与海昏

证之。

　　据《汉书·王莽传》等处记载，平帝元始四年（4），王莽操
弄朝政，为粉饰"致太平"的盛世景象，谓既已"北化匈奴，东
致海外，南怀黄支，唯西方未有加"，于是，"乃遣中郎将平宪等
多持金币诱塞外羌，使献地，愿内属"。平宪等人复命云："羌豪
良愿等种，人口可万二千人，愿为内臣，献鲜水海、允谷盐池，

图 18　王莽西海郡虎符石匮 [1]

平地美草皆予汉民，自居险阻处为藩蔽。"这样，王莽便称心如意地向平帝上奏说，因为"已有东海、南海、北海郡，未有西海郡，请受良愿等所献地为西海郡"[2]。在其地"初开以为郡"之时，汉廷还在当地"筑五县"，并使"边海亭燧相望"[3]。

看一看实际地理位置就很容易明白，在这个"西海郡"之前即已设置的东海、南海和北海三郡，定名的缘由，乃是分别有大海在其东、南或者北面，而这个"西海郡"的名称，则是得自郡境西侧的一片内陆水域——这就是现在的青海湖 [4]。

① 李零《入山与出塞》（北京，文物出版社，2004），书前彩版 28。
② 《汉书》（北京，中华书局，1962）卷一二《平帝纪》，页 357；又卷九九上《王莽传》上，页 357。
③ 《后汉书》（北京，中华书局，1965）卷八七《西羌传》，页 2878。
④ 清董祐诚《水经注图说残稿》（清同治八年重刻《董方立遗书》本）卷二，页 11a。

需要指出的是，王莽在这个湖泊的东侧设立所谓"西海郡"，并不是为凑全东、西、南、北四海之郡而强自称湖为海，而是这里本来就是以"海"为名。只不过它原来的名称不叫"西海"，而是被称作"鲜水海"，此即羌豪良愿所献与汉廷者①。由此亦可确知，汉莽时期其本来的名称就是如此②。《汉书·地理志》将此"鲜水海"记作"仙海"③，或是"鲜水"省称为一"鲜"字之后同音转写而来。

分析《汉书·王莽传》的原始记载可见，王莽所做的只不过是在这个"鲜水海"的东侧设立了一个"西海郡"，未必同时也把"鲜水海"改称为"西海"，故《汉书·地理志》将其记作"仙海"而不是"西海"。大概后来受"西海郡"一名影响始逐渐称用"西海"，因而在《后汉书·西羌传》里，才明确看到这一湖泊被称作"西海"④。

---

① 清钱大昕《十驾斋养新录》（上海，上海书店，1983）卷一一"青海"条，页256。

② 按：清代以来颇有一批学者以"鲜""西"古音相通而以为"鲜水海"是"西海"音转所致，如王先谦《汉书补注》（北京，中华书局，1983，影印清光绪二十六年虚受堂刊本）卷二八下《地理志》下（页795）即持此说。然而"鲜水"两字如何能恣意拆解开来单论一"鲜"字而弃置"水"字于不顾？其说未免过于牵强。其实"鲜水"两个汉字语义显豁，殊不必非舍近求远辗转对比于异族古音不可。盖整个中国西部之蒙新青藏地区，其湖泊水文的总体特点，系多咸水湖或盐湖，"鲜水海"云者，当即得名于相对这种一般状况而呈现的较为突出、也比较特别的淡水特性，自是属于其固有的名称。

③ 《汉书》卷二八下《地理志》下，页1611。清董祐诚《水经注图说残稿》卷二，页11a。

④ 《后汉书》卷八七《西羌传》，页2878。

东汉末人刘熙，在《释名》一书中解释西海郡得名的缘由时说："西海，海在其西也。"①通过上面的论述，我们可以更加清楚地看到，"西海郡"名称的确定，关键不在于当地是否有"西海"，也不是王莽强自命名了一个"西海"，而是今青海湖水域在王莽设立这个郡之前就被以"海"相称。这种情况，愈加说明用"海"字来称谓具有一定水域面积的湖泊，是汉人很通行的一种做法。

在此需要稍加补充说明的是，像"彭蠡泽"这样以"泽"为名的水域，能否以"海"相称呢？泽与湖之间，常常并没有本质区别，而当时的湖泊实多以"泽"为名，所以有些泽也可以称之为"海"。例如，居延县境内有居延泽，而班固在《汉书·地理志》中称"羌谷水出羌中，东北至居延入海"②，羌谷水所入之"海"，只能是指居延泽。这是虽以"泽"名却仍可称"海"的确证。正因为如此，汉献帝建安末年，朝廷又在居延泽设立过"西海郡"③，而其所谓"西海"云者，显然是把居延泽视作"西海"。南宋人程大昌在论述"鲜水海"的得名缘由时曾经讲述说，这一湖泊"尝并海立称矣，然要其实致，则众水钟为大泽，如洞庭、

---

① 汉刘熙《释名·释州国》，据清王先谦《释名疏证补》（清光绪丙申刻本）卷二，页 9b。

② 《汉书》卷二八下《地理志》下，页 1613。

③ 晋司马彪《续汉书·郡国志》五梁刘昭注补，见《后汉书》志第二十三，页 3521。

彭蠡之类，故借海以名之，非真海也"①，正是把彭蠡泽与鲜水海等同看待。

和西海郡并非因毗邻"西海"而得名一样，汉代的北海郡北面毗邻的海也不叫"北海"，而是我们大家熟知的"渤海（勃海）"。汉朝人称呼今贝加尔湖水域为"北海"，这一点无须多加说明。对我们研究这一问题更为重要的是，《汉书》乃径以"海上"一语称述滨湖的草地，这里也就是所谓苏武牧羊之处②。"海上"意即"海滨""海畔"，是滨海的陆地，过去在论述秦始皇去世的原因时，我曾特别阐述过这一点③。在这里，《汉书》所谓"海上"，指的当然是湖边傍水之地。

这一称谓的重要性，在于它与我们所要讨论的"海昏"一样，是以"海"表述一片内陆水域，再在其后附缀表示相对位置关系的词语，以指称与其相关的某一地理区域。这使我们进一步看到，"海昏"这一地名的本义，很有可能就是指彭蠡泽西南之地。

下面再来看西汉"东昏"这个县的情况。按照前面的推想，"昏"字在这类地名中应该是用来表示西南方位，那么，在"东昏"的东北方向上，是不是有这么一个可以作为比照依据的叫作

---

① 宋程大昌《北边备对》（明万历吴管刻《古今逸史》本）之"四海"条，页 1b—2a。
② 《汉书》卷五四《苏建附子武传》，页 2462—2463。
③ 拙文《越王勾践徙都琅邪事析义》，原刊《文史》2010 年第 1 期，后收入敝人文集《旧史舆地文录》（北京，中华书局，2013），页 67—75。

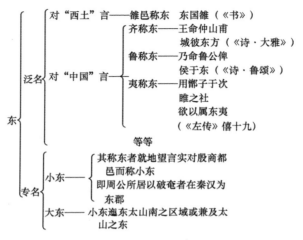

图 19　傅斯年编制"大东""小东"关系表

"东"的地方呢？——答案是肯定的，这里正好有一处"东"地，不仅历史悠久，还很有名。

民国时期，傅斯年从《诗经·小雅·大东》的"大东小东"入手，考察周初史事，写了一篇很有名的论文，题作《大东小东说——兼论鲁燕齐初封在成周东南后乃东迁》。在这篇文章中，傅氏分析指出，《诗经》大东指今山东泰山山脉迤南各地，小东即周公居东破奄之地，其处在今河南濮阳至河北大名一带，"在秦汉为东郡"[①]。

---

① 傅斯年《大东小东说——兼论鲁燕齐初封在成周东南后乃东迁》，原刊《国立中央研究院历史语言研究所集刊》第二本第一分（民国十九年五月），此据岳玉玺等编选《傅斯年选集》（天津，天津人民出版社，1996），页237—246。

图 20　谭其骧主编《中国历史地图集》上的"东"与西汉东昏县的相对位置关系

图 21　谭其骧主编《中国历史地图集》上的东郡与东昏

秦汉东郡与东昏县所在的陈留郡毗邻，正在东昏的东北。把"东昏"与"东"的方位关系同"海昏"与彭蠡泽这处内陆之"海"的方位关系两相并观，似乎使我们更有理由推定：海昏县的名称，或许就是缘自该地位于彭蠡泽的西南。

三 "昏"与西南方位

在上一节，暂且搁置了是不是能用"昏"字来表示"西南"这一方位的问题，然而根据"海昏"和"东昏"两个地名显示出的迹象，这似乎又是一个业已存在的事实。下面就来尝试一下，看看能不能对此做出一个比较合理的解释。

中国古代在定立地名时，采用所处位置与阳光的方位关系来作组合专名的通名，应该说是一个很普遍的现象。其中最为人们熟知的，是所谓"山南水北为阳"，当然，反之则为"某阴"，即如洛阳、华阴之类。其时代较早、同时也比较清晰的表述，见于《穀梁传》僖公二十八年下，文曰："水北为阳，山南为阳。"[1] 当然，还有徒以阳光向背定立的通用地理称谓，如"山东曰朝阳，山西曰夕阳"[2]。

阳、阴表示的是南、北，朝阳和夕阳表示的是山的东坡与西

---

① 唐杨士勋《春秋穀梁注疏》（台北，艺文印书馆，2007，影印清嘉庆阮刻《十三经注疏》本）卷九，页93。
② 清王先谦《释名疏证补》卷二《释山》，页20b。

坡，不管怎样，都是直接体现阳光对地点地物的照射关系。可"昏"字的情况，则与此不同，其本义是表示一天当中太阳处于特定位置的一段时光，乃太阳行将落下的"日且冥"时分，亦即夕阳将入未入之时，大致相当于现在常说的"黄昏"。

作为纪时体系中的一部分，把每一天亦即一昼夜分割成若干个时段，就是所谓"时分"。从甲骨文的材料来看，殷人对每天各个不同时分，已有专门称呼。目前可知殷商最细密的划分方法，是把一日分为十个时分，即：夒、旦或朝（日明、明、大采、大采日）、食日（大食、大食日）、中日或日中（昼）、昃（昃日）、郭兮（郭、小食）、昏或莫（小采、小采日）、枏（埶）、住、夙。

其中"旦"指朝日初升之时，"昏"指夕阳将落之际，是一天中太阳处于东西相对位置上的两个时分。[1]"旦"字的字形，即已清楚显现出日见于大地之上的图像，而与其表示同一时分的"朝"字象征日月并见于草莽之中；《说文》谓"昏"字"从日，从氐省，氐者，下也"，而与其表示同一时分的"莫（暮）"字，所象字形则显示出它表示的意思是"日且冥也"，乃"从日在茻（草）中"[2]。可见这一东一西的太阳，在地平线正两两相对，都

---

① 常玉芝《殷商历法研究》（长春，吉林文史出版社，1998）第三章第三节《殷代的纪时法》，页135—180。陈梦家《殷虚卜辞综述》（北京，中华书局，1988）第七章第三节《一日内的时间分段》，页229—233。
② 陈梦家《殷虚卜辞综述》第七章第三节《一日内的时间分段》，页229—230。汉许慎《说文解字》，据清段玉裁《说文解字注》（上海，上海古籍出版社，1988，影印清嘉庆十三年经韵楼原刻本），茻部，页48；又日部，页305。

是略高出于地平线，或始升，或将落。其实"旦""昏"两个时分的另外一种称谓"大采（大采日）"和"小采（小采日）"，自已更加清楚地体现出在这两个时分日晖霞彩映照天空的景象。

陈梦家曾把殷人这种时分制度与后来的十二时辰联系起来，为之拟订了各自对应的时辰以及固定的时间刻度，如"旦"为卯时，"中日"为午时，"昏"为酉时[①]。但我对陈氏这一做法，深表怀疑。盖从时分的名称上可以清楚看出，这是一种典型的"观象授时"制度，亦即主要通过直接观察太阳的位置来确定时分，可是，要是把地球自转一周所形成的一昼夜时间平分为诸如十二时辰这样的等长时段的话，对于地球上观察太阳的人来说，由于随着地球公转所造成的特定观测点相对于太阳的位置移动，这一点上每一天的昼夜长短必然随之不断增减变化，亦即太阳在每一天中的出入时刻并不固定。这样，除了"中日"或"日中"这个表示正午的时分之外（理论上还可能会有一个表示正当子夜的时分），上述其他绝大多数时分都无法与一年到头每一天都固定不变的十二时辰或是漏刻的特定刻度稳固对应。所以，"旦""昏"等时分对应的绝对时间（也就是用十二时辰或漏刻表示的时间），每一天都会有所不同。粗略地说，即夏天"旦"来得早，"昏"到得迟；冬天则反之，"旦"来得迟，"昏"到得早。我想，或许可以把这种时分的记述和表示形式，称作"相对时分"。

---

① 陈梦家《殷虚卜辞综述》第七章第三节《一日内的时间分段》，页229—233。

事实上，从陈氏在此之后进行的相关研究看，似乎他自己已经否定了这一做法。陈梦家后来参照《史记》《汉书》的记载，归纳汉简所见时分。研究结果显示，虽然具体的时分词语大多并不相同，时分的分段也更为绵密，但从鸡鸣、平旦、日出、日入等时分用语来看，这实质上也是采用与殷商时期类似的"相对时分"纪时方法。不过，与此同时，陈氏也指出西汉时即已行用所谓"加时"制度，就是以十二支来表示一年之中每一天都完全相同的固定时分，把一昼夜等分为以子、丑、寅、卯等表示的十二辰。窃以为相对而言，不妨把这种新的时分制度，姑且称作"绝对时分"。大致从王莽时期起，才出现把"相对时分"的专有名词与十二辰这样的"绝对时分"术语相互配置为一体的做法[1]。这显示出"绝对时分"正在逐渐取代"相对时分"，因为"绝对时分"更为确定，也更为精准。

在汉代的时分词语中，有一个与殷商时期的"昏"在形式上颇为相近的"昏时"，亦称"夜昏时"，不过在《史记》当中，对这一时分仍然以"昏"相称。汉简所见汉代的"昏时"，是紧接在"日入"这一时分之后，看起来似乎是在太阳落山之后，"夜昏时"一称，尤其容易使人联想到这一点。然而汉代别有"日出"这样的时分，是接在"平旦"之后，而《史记》也把

---

[1]　陈梦家《汉简缀述》（北京，中华书局，1980）之《汉简年历表叙》第二《汉代纪时》，页239—256。

"平旦"写作"旦"①，这显示出"日出"应是在"平旦"或"旦"这个旭日初升的时分之后，太阳已经达到一定高度，而不是刚刚跃出地平线的时候。与"日出"相对应，出现在"昏时"或"夜昏时"之前的"日入"时分，太阳也还应该具有一定的高度，而汉简中见到的"昏时"以及《史记》记述的"昏"，则应当与殷商时期的"昏"这一时分相同，是指下坠的夕阳将落未落的时段。

现在面临的问题是：秦汉间人甚至更早的人，是怎样把这个表示"相对时分"的词语"昏"字移用过来，用以表示"西南"这一固定的方位？

从表面上看，这是一个很难做到的事情。因为能够用来体现这一时分方位关系的事物，只有太阳在天空中所处的方位，然而在一年四季中的每一天，除了"日中"以外的其他每一个时分，太阳所处的方位都是变化不定的。

简而言之，在冬至前后的整个冬半年，太阳都是从东南升起，在西南落下；在夏至前后的夏半年，太阳则是从东北升起，在西北落下；春秋二分时刻，正东日出，正西日落。这就需要选择一个固定的时刻或是一段固定的时期，用这一时刻或是时期"昏"这一时分太阳所处的方位，来表示恒定不变的方位。

从中国古代天文历法的实际情况来看，这个时刻的最佳选择，就是冬至。因为冬至是古人"一岁"也就是现在所说一个地

---

① 陈梦家《汉简缀述》之《汉简年历表叙》第二《汉代纪时》，页 247—250。

球公转回归年的开端，对政治和社会各个方面，都是一个极具象征意义的时间节点。这时日出日落的方位，自然最偏向东南和西南。

古人自然很早就掌握了像这样一种程度的基础天文知识。《周髀算经》称"冬至昼极短，日出辰而入申"，与此相反，"夏至昼极长，日出寅而入戌"[1]。在以十二辰表示的十二面方位体系中，"辰"位在东南偏东，"申"位在西南偏西，故所谓"日出辰而入申"，即谓太阳升起于东南偏东而落下在西南偏西。《淮南子》谓天有"四维"，这四维，并不是指东、南、西、北四方，而是东南、西南、东北、西北四个方位。在这一四方体系当中，"日冬至，日出东南维，入西南维……夏至，出东北维，入西北维"[2]。这就把冬至时节日出日落的方位，直接表述为东南和西南。

在此基础上，若是再考虑地形、地物的限制，以及中国绝大部分地区特别是中原腹地房屋普遍南向的情况，人们通常实际不大容易关注东北、西北方向的日出日落；即使是在夏至前后的夏半年，往往也会感觉太阳好像是从东南升起、在西南落下。这一点，我们在古人著述中能看到一些迹象。

如传为东晋人郭璞撰著的《玄中记》记云："东南有桃都山，

---

[1] 《周髀算经》（北京，中华书局，1963，钱宝琮等校点《算经十书》本）卷下，页73。

[2] 《淮南子·天文训》，据何宁《淮南子集解》（北京，中华书局，1998）卷三，页290。

上有大树，名曰桃都，枝相去三千里。上有天鸡，日出，照此木，天鸡即鸣，天下鸡皆随之鸣。"[1] 这里讲日始出而照耀东南方桃都山上的天鸡，显然是把东南作为日出的一般方位。又王安石《诸葛武侯》诗首句云"汉日落西南"[2]，这里或有刘备偏安于西南一隅的隐喻，但"日落西南"在字面上的涵义，也是把西南作为日落的一般方位。

另外值得注意的是，《淮南子》还讲述说"西南为背阳之维"，按照这样的观念，愈加容易把"昏"这一时分术语与太阳西下的"西南"方位联系到一起。

我想，基于上述原因，人们就会把体现太阳即将落下的"昏"这一时分用语，转用于表示"西南"方位。

以上就是我对"海昏"这一地名的解释。其是否合乎历史实际，将来或许能够有机会做出验证。

2016 年 12 月 11 日记

① 宋李昉等《太平御览》（北京，中华书局，1960，影印宋刻本）卷九一八《羽族部·鸡》引《玄中记》，页 4074。
② 宋王安石《临川先生集》（上海，商务印书馆，民国《四部丛刊初编》影印涵芬楼藏明嘉靖中抚州刻本）卷四《诸葛武侯》，页 6b。

海昏侯墓园与西汉长安城平面布局形态

提起海昏侯刘贺，可能有些朋友已经读过我写的《海昏侯刘贺》这本小书。我想，书里面讲过的问题，再谈已经没有太大意义。所以，我选了现在这个题目，脱离刘贺本人，也离开海昏侯墓出土的具体文物，只是由他的墓园，引颈向西北眺望，眺望京师长安，和大家讲讲我对西汉长安城平面布局形态的看法。

一 西汉长安的宫城

在中国古代都城的构成要素当中，居于核心地位，同时也最引人注目的是宫城，也就是帝王居止和朝会理政的场所。我今天所说的"长安城平面布局形态"，具体的内涵虽然很多，但在这里实际上只是突出重点，简单谈一下"宫城"在整个都城平面形态中所处的位置。

许多学习历史的同学，和许多关心历史问题的年轻朋友，往

90

往更加关注那些比较抽象的一般性说法，譬如中国古代都城居于一朝疆土的东、南、西、北哪一方位之类的宏观大论，都城各项政治、经济、文化功能以及不同社会人群的活动"空间"之类的时尚"意识"，等等。

我觉得这种兴致，这种关怀，在人年轻的时候，都是很正常的，是认识历史的历程中一个必经的阶段，可以说是对历史学的兴趣使然。但要是长此以往，一直没有变化，没有让自己走入更加具体的历史场景，那么，对于我来说，就不是历史学所应有的状态，不是历史学所应有的内容，更不是我心仪的历史学研究。

在我看来，历史学的魅力，在于具体的细节。我们要关注细节。在这些具体的细节之中，不仅有形形色色的"魔鬼"，"上帝"也无所不在。我们研究历史，就是要在看似纷乱的史事中，厘清真相，揭示每一件史事真实的样貌，看穿隐藏在这些事实背后的规律性、本质性特征。真切的历史事实及其背后潜藏的规律性、本质性特征，就是我在学术研究中追慕的"上帝"。

就所谓"宫城"而言，在历史时期，也是不断变化的。不同的时代，有不同的特征。今天的北京故宫，是明清两朝在京师建置的宫城。明，老早就不存在了；清，也已经被推翻了。所以，才称之为"故宫"。明清宫城在都城平面布局形态上的总体特征，是宫城大致位于整个都城的中心。在中国历史上，这种布局形式，可以说基本上是确立于北宋都城开封。

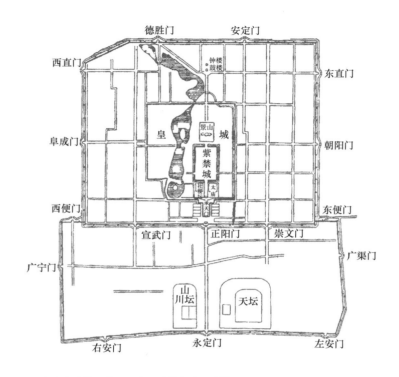

图 22 明北京城平面布局示意图（侯仁之图）[1]

由这种设立于国都中心的宫城，再向前追溯，隋代的大兴城和唐代的长安城，宫城都位于都城的北侧南北轴线中央的位置上。这体现了另外一种观念。

再向前，情况就越来越复杂。在这里，我们不妨姑且跳过中

---

① 侯仁之《北京旧城平面设计的改造》，原载《文物》1973 年第 5 期，此据作者文集《北京城的生命印记》（北京，生活·读书·新知三联书店，2009），页 219。

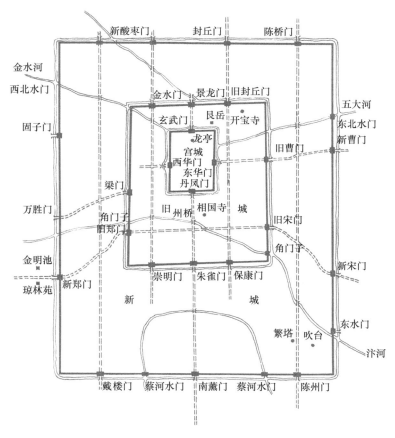

图 23 北宋开封城平面布局示意图（刘敦桢图）[1]

---

[1] 刘敦桢主编《中国古代建筑史》（北京，中国建筑工业出版社，1984）第六章《宋、辽、金时期的建筑》，页 179。

修真	安定	贞安	宫城				翊善	长乐	永福
普宁	休祥	辅兴					永昌	大宁	兴宁
熙光	金城	颁政	皇城				永兴	安兴	永嘉
居德	醴泉	隆政					崇仁	宜仁	隆庆
群贤	利人市	延寿	太平	善和	兴道	务本	平康	都会市	道政
怀德		光德	通义	通化	开化	崇义	宣阳		常乐
弘化	怀远	延康	兴化	丰乐	安民	长兴	亲仁	安邑	靖恭
丰邑	广恩	崇贤	弘德	安业	光福	永乐	永宁	宜平	新昌
待贤	嘉会	延福	怀贞	崇业	靖善	靖安	永崇	升平	升道
淳和	永隆	永安	宣义	永莲	兰陵	安善	显国	修华	(广德)
常安	通轨	敦义	丰安	道德	开明	弘业	进昌	修政	立政
和平	归义	大通	昌明	光显	保宁	昌乐	通善	青龙	敦化
永阳	显行	大安	安乐	延祚	安义	安德	通济	曲池	

曲江池

图 24　隋大兴城平面布局示意图（自制）[1]

---

[1]　辛德勇《隋唐两京丛考》（西安，三秦出版社，2006），页 200。

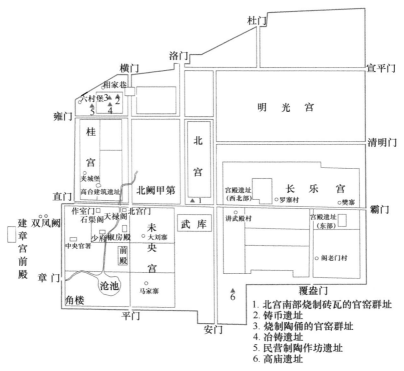

图 25　西汉长安城平面布局示意图（据刘庆柱图改定）①

间的环节，将其置而不论，直接推溯至西汉时期的长安，则可以
看到愈加不同的景象。

　　在这幅"西汉长安城平面布局示意图"上，未央宫、长乐

---

① 刘庆柱《汉长安城的考古发现及相关问题研究——纪念汉长安城考古工作四十
　年》，原载《考古》1996 年第 10 期，此据中国社会科学院考古研究所汉长安城
　工作队、西安市汉长安城遗址保管所编《长安城遗址研究》（北京，科学出版
　社，2006），页 502。

宫、明光宫、桂宫、北宫这些皇室专用的宫殿区域，占据了城垣内的绝大部分面积。所以，杨宽先生把这整个被城垣圈起来的区域，都称为"宫城"，或是具有宫城性质的内城。城垣之内、上述诸宫以外的其他区域，还住有很多达官贵人，从而使得普通庶民住宅所占的面积，愈加鲜少。这样一来，西南的宫城或是宫城性质的内城，就与东垣和北垣之外的庶民居住区，在空间上，形成了鲜明的对比。

关于这一点，问题稍微有些复杂。其复杂性之一，就是另有一些学者，并不赞同杨宽先生上述看法，认为长安城没有外郭区域，庶民同样全部居住在城垣之内。持这一看法的学者，以长期从事汉长安城考古发掘工作的刘庆柱先生最有代表性。

然而，即使暂不考虑外郭区域存在与否，单纯看城垣之内上述各个宫区中最主要的宫殿区域——未央宫，看未央宫所处的位置，同样能体现西汉时人看重西南这一方位的观念。未央宫是西汉时期皇帝居止的主要宫室；未央宫中的前殿，也是汉帝朝会臣民的正殿。未央宫建置在城垣之内的西南一隅，这与前面讲述的唐、宋、明、清诸朝都大不相同。

二 海昏侯墓园

那么，西汉长安城为什么会出现这样的平面布局形态呢？

在历史文献中，对这种把帝王之居和朝会之所安置在都城西南一隅的布局形式，没有直接的记载。稍微清晰一些的记述，是有文献显示，从很早起，就有一种以西方为尊的居处观念。反映这一观念最有代表性的表述，是王充在《论衡·四讳》篇中论述当时"西益宅不祥"的民俗时所讲的如下一段话：

> 夫西方，长老之地，尊者之位也。尊长在西，卑幼在东。尊者，主也；卑幼，助也。主少而助多，尊无二上，卑有百下也。[1]

其实"西益宅"吉利与否，本是民间流传已久的一种普遍观念。《淮南子·人间训》记述春秋时鲁哀公欲西益其宅，当时人即有"西益宅不祥"的说法[2]，并不是特指君王的宫室。所以，王充在这里所说的"长老"，也不是仅仅局限于君王。与王充同属东汉的学者应劭，在所撰《风俗通义》中谈论同样问题时，更明确讲到是"俗说西者为上"，可见这显然是一种民间广泛通行的习俗。

但是若要进一步探究这种以西为尊、以西为上观念的形成原因，则应当与对日升方向的尊崇具有直接关系。这也就是对太阳的尊崇。这是因为太阳最有标志性地体现着天的存在和天的形态。

不过，太阳再亮，到晚上也看不到。夜晚时分，体现天穹的是星辰，而群星当中最为引人注目，也最令古人感到神异的星辰

---

[1] 汉王充《论衡·四讳》，据刘盼遂《论衡集解》（北京，中华书局，1957）卷二三，页466。

[2] 《淮南子·人间训》，据何宁《淮南子集释》（北京，中华书局，1998）卷一八，页1291—1292。

便是北极——随着地球的自转，一晚上，漫天星斗都在不停地转动，只有北极一动不动。

我理解，西汉朝廷把长安城中最重要的宫殿群——未央宫安置在城垣的西南隅内，体现的是一种敬天的观念：居西，等于朝向太阳升起的方向，以体现在白昼礼敬日轮；居南，等于朝向北极所在的方位，以体现在黑夜崇敬极星。

可是，西汉长安城是经历很长一个时期逐渐发展形成的，不是从一开始就有明确的规划。在这种情况下，未央宫位于城垣西南隅内，就有可能是偶然形成的一种特殊的平面布局形态，未必出自某种特定的观念。

一个朝代，国都只有一个，没有第二个同样的都城。要想判定这一问题，只能尽可能找到相关的旁证。

中国的考古学家经常引述一句古语，来阐释他们专门去挖掘死者墓葬的道理，这就是古人一向"事死如事生"。这句话出自《礼记·中庸》，这句话之后原来还有一句对应的话，叫"事亡如事存"。所以不好随便说成或是写作"视死如视生"。翻译成大家容易懂的大白话，就是古代各个时期的人们，对待往生的死者，就像对待身边的活人一样，活人怎么活，就要给逝者做出同样的安排。

依据古人这一行为方式，考古学家就可以通过随葬的物品及其存放形式，解析出墓葬的时代，墓主人的身份、地位，以及当时社会各个方面的信息，为我们认识过去的时代，特别是认识那些时代里一些缺乏明确文献记载的事项，提供了极为关键的证据。其关键性和重要性在于，这些古墓葬所提供的信息，没有经过后代的干扰和变易，真切如初。

关于这一点，我先讲一个与我本人有关的事例。这是一个更简单的事例，只是通过随葬的器物铭文，来判断一些来路不明的古器物铭文是否可靠。

最近海上某著名古文字研究专家，在报纸上刊发文章，谈对传世文物、文献真伪的辨别问题，说在"真伪判别过程当中，研究者对当时物质形态各方面的综合认识水平如何，在出土文物、文献与自身固有认识、研究结论之间产生偏差，甚或出土文物、文献提供的信息全面越出自身知识和研究界限时，研究者持有何种态度和取向，都直接关系到立论的客观性与可信性"。这里谈的显然是普遍的学术规则问题。为此，这位专家精心选择我写过的《雒阳武库钟铭文辨伪》一文，作为典型事例，出以示众，指出像我这样辨伪，便是未能"持有客观公正的态度"而固持"先入之见"，面对像古文字这么艰深古奥而我辛某人"自己不熟悉的东西"，没有多考虑像这位先生这样的"专家的意见"，并且"多查阅相关数据"，就"轻率发表意见"，"以浮言代替严肃论证"，从而"对相关问题的研究造成不必要的障碍和干扰"。

这着实让我受宠若惊。在学术界混迹这么多年，也胡乱写过不少东西，这些东西大多无人理睬，无声无臭。作为十足的外行，写了这么一篇不起眼的小文章，竟然惊动一个学科领域的大专家，把我提溜出来游街，骤然之间，暴得大名，实在是修也修不来的福分。

不过，在另一方面，尽管这位古文字权威如此不以为然，固陋愚钝如我，到今天为止，却还是未能领悟这位权威的高见，也还想以"民科"的身份，在与自己研究相关的领域和问题上，尝试着继续做一些对古代器物铭文的考辨分析工作。

面对这位权威的威严气势，我之所以还敢壮起鼠胆，以身犯难，就是考古数据给了我支撑。我认为洛阳武库钟铭文是伪刻，最重要的依据，是考古发现的西汉铭文，没有一件，其制作时间（不是器物上标识的其他时间）是带有"元封"年号的，而制作时间带有"元封"年号的器物，包括这件"洛阳武库钟"在内，都是所谓"传世文物"。

考古发掘的物品和所谓"传世文物"二者之间，是有一条红线的。对于我来说，这条红线，是一个大道理，也是硬道理。况且对那位古文字权威的其他具体论证，我也期期不敢苟同。但今天无法在这里详细讲述。

现在回到主题。对于西汉都城长安的平面布局形态这一问题来说，也可以借助考古学家对当时墓园的发掘和勘查，对比分析，以准确地切入并合理把握其内在缘由。

令人深感欣慰的是，江西的考古工作者在海昏侯墓的发掘过程中，对这个墓园给予了充分的关注，从而完整地揭示了墓园的范围和结构。这一工作，意义重大。这是到目前为止，考古学家完整展现的唯一一座西汉列侯墓园。

察看"海昏侯墓园平面示意图"，可以看到，第一代海昏侯

图 26 敝人在首都博物馆 "南昌汉
代海昏侯国考古成果展" 的
海昏侯墓园示意图前

刘贺的墓室，即位于这个墓园的西南隅，与未央宫在长安城中所
处的位置一模一样。

2016 年春，当部分海昏侯墓出土文物在首都博物馆举行展
览的时候，我在展厅里一看到海昏侯墓园的平面图，就注意到可
以通过其平面布局形态，印证西汉长安未央宫乃至整座城市的布
局都是具有清晰的空间观念的，这就是杨宽先生早就谈到的对西
南方位的尊崇。因为情绪有些激动，还站在这幅示意图的前面，
拍下一张照片。看起来很憨傻，但神态很真诚，内心还很兴奋。

接下来，在江西省文物考古研究所与首都博物馆为这次展览
合编的图录——《五色炫曜》里，也刊载了这张墓园图。与此同
时，国家文物局派遣到海昏侯墓发掘现场的专家组组长信立祥先
生在北京大学做报告，具体讲述海昏侯墓的发现与价值，也演示
了同样的墓园结构图。但这些都不是很严谨的学术表述，我也不
敢将其视作考古发掘者对海昏侯墓园形态的正式表述。

直到去年 9 月，海昏侯墓的发掘人员在当年《考古》第 7 期
上刊出了正式的简报，不仅附印有同样的墓园平面图，还有具体

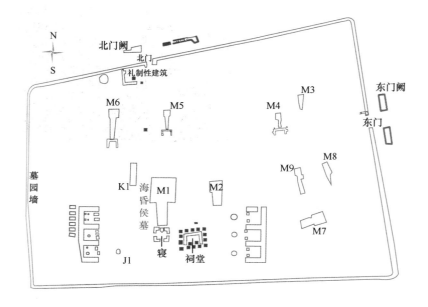

图 27　海昏侯墓园平面示意图①

的文字记述②，对海昏侯的墓园做了正式、明晰的表述之后，我才在自己的微博上连续公布了两篇短札，指出海昏侯墓园整体布局形态与西汉长安城平面构成形式之间的对应关系，同时指出，这是中国古代都城变迁史上的一个重要问题。海昏侯墓园的完整勘探和揭示，对合理认识这一问题，起到了重要的作用。

　　主持海昏侯墓发掘的杨军先生，另外还绘制了一幅海昏侯墓

—————————

① 江西省文物考古研究所、首都博物馆编《五色炫曜》(南昌，江西人民出版社，2016)，页5。

② 江西省文物考古研究所、南昌市博物馆、南昌市新建区博物馆《南昌市西汉海昏侯墓》，刊《考古》2016年第7期，页45—62。

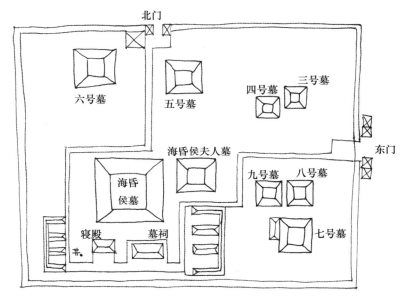

图 28 杨军绘制海昏侯墓园示意草图 [1]

园的示意性草图。看这幅草图，对墓园的各项设置的空间方位关系，或许能够获取更为清晰的印象。

看这幅海昏侯墓园平面图，我想，应该注意如下几点：

（1）如前所述，墓园中的 M1，亦即第一代海昏侯刘贺的墓室，位于墓园西南隅内，这与未央宫在长安城中的位置，是完全一致的。进一步看，也与西汉长安城城垣之内的区域在包括郭区在内的整个大长安城中所处的方位是完全一致的。

① 杨军《西汉列侯墓园之翘楚》，刊池红主编《南昌汉代海昏侯国考古专辑》（南昌，江西画报社，2016），页 141。

同时，需要明确的是，相对于海昏侯一世刘贺的墓室，墓园中其他祔葬的墓室，显然居于从属的地位。这种空间配置形式，一定是按照某种通行的观念预先设定的，而不会是随意衍生的结果。值得注意的是，刘贺的两个儿子刘充国和刘奉亲，紧随其后，相继丧生，故父子三人，或有可能同时安葬于这一墓园。在接下来的考古发掘中若是能够证明父子三人同葬于此，就可以更加清楚地证明墓园西南的位置是整个墓园的核心区域。

（2）墓园中的 M2，是刘贺夫人的墓室。刘贺的墓室居西，夫人的墓室在东，这与西汉长安城中帝宫未央宫居西、皇太后宫长乐宫在东的布局形式，实质上也有相通之处。汉人即分别以"西宫"和"东宫"，来指称帝宫未央宫和皇太后宫长乐宫。[1] 虽然西汉皇后居处宫殿与皇帝居处宫殿的方位关系，在文献中没有清楚记载，不过我们看戾太子起兵反叛时，在派人进入未央宫向卫皇后禀报之后，乃"发长乐宫卫"[2]。时武帝母王太后故世已久，并无太后居处长乐宫中，这显示出"东宫"长乐宫在没有太后入主的情况下，本来归属于皇后，因而在皇后变身为太后之后，自然就常处此宫了。

（3）到目前为止，主持海昏侯墓发掘的考古工作者，仅发现墓园的东门和北门，而在南面和西面，还没有发现门址的痕迹。

---

① 《汉书》（北京，中华书局，1962）卷五二《灌夫传》，页2387；又卷六八《霍光传》，页2948。清钱大昕《廿二史考异》（上海，商务印书馆，1937，《丛书集成初编》排印《史学丛书》本）卷五，页82—83。
② 《汉书》卷六三《戾太子传》，页2743。

同时，在北门和东门，都发现有阙的遗迹。这与未央宫从兴建时起就仅设有东阙和北阙的情况 ①，也具有明显的对应关系。

由此可见，完整揭示的海昏侯墓园，对西汉长安城乃至整个中国古代都城史的研究，都具有重要价值，其学术价值并不比墓室中出土的大量文物低，我们应当予以充分关注。然而，在另一方面，正因为像海昏侯墓这样完整的墓园，在目前探查、发掘的西汉列侯墓葬中还是独一无二的，其是否具有普遍性，亦即能不能反映西汉时期最为通行的空间观念，还需要结合其他同一时代的帝王陵园来做进一步的考察。

三　西汉帝王的陵园

在所享用的礼制等级上，西汉皇帝陵园的布局形态，显然要比像海昏侯墓园这样的列侯葬地，与帝都长安城具有更强的可比性。稍居其次的，则是诸侯王的陵园。

那么，我为什么在这里要首先强调指出海昏侯墓园与长安城在平面布局形态上的共通性呢？这并不是因为海昏侯墓的发现引发了学术界的关注，特别是引发了社会公众的极大兴趣，讲海昏侯墓园，更容易吸引大家的目光。

我特别关注海昏侯墓园的布局形式，是因为西汉皇帝和诸侯王的陵园，情况比海昏侯墓要显得复杂一些，不像海昏侯墓园这

---

① 《史记》（北京，中华书局，2014）卷八《高祖本纪》，页485。

样一目了然。例如，刘庆柱先生在讨论西汉长安城的"择中"问题时，认为未央宫前殿居于宫城的轴线位置上，而这条贯穿宫城的南北轴线，也就是长安城的轴线，这两条轴线是完全重合的；与此相应，在西汉诸帝的陵园之内，"皇帝和皇后陵墓封土，一般各自分别位于其陵园中央"[①]。至少单纯就刘庆柱先生这一表述而言，带给人们的印象，在西汉皇帝的陵园之中，墓室和它的上面覆盖的封土，是居于中央的位置。这与我们在海昏侯墓园中见到的刘贺墓室，是大不相同的。

所以，我在这里先以海昏侯墓园的布局形式作为基础，由此透视西汉的帝陵，才会更加容易地看透这些陵园的构成形式。

首先，皇后陵墓通常都设在皇帝陵墓的东侧，这同皇后之宫长乐宫在帝宫未央宫的东侧，是相互对应的，或者说从中可以看到长安城中未央宫与长乐宫的投影[②]。汉代皇后陵园亦称"东园"，当即缘自于此。[③] 同时，西汉帝陵陵园的正门，都是东门，主墓道也是位于东侧。[④] 这也与长安城未央宫仅东门和北门筑有门阙的情况具有关联。

若是单纯看皇帝陵墓四周由墙垣环绕的陵园区域，那么，西

① 刘庆柱《汉长安城的考古发现及相关问题研究——纪念汉长安城考古工作四十年》，据中国社会科学院考古研究所汉长安城工作队、西安市汉长安城遗址保管所编《长安城遗址研究》，页509—510。

② 焦南峰《试论西汉帝陵的建设理念》，刊《考古》2007年第11期，页78—80。

③ 《汉书》卷九七上《外戚传》上并唐颜师古注，页3970。

④ 中国社会科学院考古研究所《中国考古学·秦汉卷》（北京，中国社会科学出版社，2010）第七章第二节《西汉帝陵及陵园遗址》，页310—313。

汉时期的皇帝陵园，大都像刘庆柱先生所讲的那样，是陵墓封土居中。然而，西汉一朝的帝陵，一个完整的陵区，并不仅局限于皇帝陵墓封土四周墙垣所圈堵的陵园这一范围，通常在这一区域的东侧和北侧，特别是陵园东面的司马道两侧，还有很大一片陪葬的区域^①，刘庆柱先生本人也早就揭示过这一点^②。这些陪葬墓与皇帝陵墓紧密相连，不可分割，实际上相当于杨宽先生所说长安城垣之外的东郭与北郭区域。

其实若就双重陵园的外垣而言，有些皇帝陵墓的封土，并不居于这一大陵园的南北中轴线上。如景帝阳陵，是略偏向西侧，焦南峰先生已经注意到这种分布形式与汉长安城未央宫居于长安城西部偏南的相似性，并认为这显现出长安城布局形态的直接影响^③。又如元帝渭陵，更是明显偏向西南，这和未央宫在长安城中的方位，更为贴近。

近年考古工作者通过对西汉帝陵的深入勘探发现，一些具有双重陵园的帝陵，如武帝茂陵、元帝渭陵和哀帝义陵，在外面一重陵园围墙的东北角内，也就是里面一重陵园以外的东北部，和

① 中国社会科学院考古研究所《中国考古学·秦汉卷》第七章第五节《西汉帝陵陪葬墓及其陪葬坑》，页324—328。
② 刘庆柱、李毓芳《西汉十一陵》（西安，陕西人民出版社，1987）下篇第七章第一节《陪葬墓制度的渊源与布局》，页209—210。
《汉书》（北京，中华书局，1962）卷五九《张安世传》，页2647—2653。
③ 焦南峰《试论西汉帝陵的建设理念》，刊《考古》2007年第11期，页79—80。

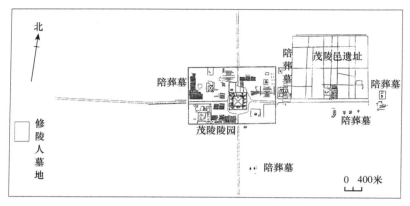

图 29　汉武帝茂陵陵区图 [1]

海昏侯墓园一样，都有一批袝葬墓 [2]。这实质上相当于汉长安未央宫之外、外郭城之内的其他普通居住区。

　　至于介于皇帝陵园和列侯墓园之间的诸侯王陵园，因保存完整的墓园遗址目前还很罕见，情况不是十分清楚。但从现今所知保存较为完整的江苏盱眙大云山江都王陵园来看，王后墓在江都王墓的东侧，与皇帝、皇后陵墓的相对位置关系相同；陪葬墓位于其陵园外侧的东部，与西汉帝陵陪葬墓的方位、区域完全一致。同时，在陵园区域的北部，还有一批袝葬墓，这也和皇帝陵

---

① 焦南峰《"同制京师"——大云山西汉王陵形制初识》，刊《东南文化》2013 年
　　第 1 期，页 76。
② 焦南峰《西汉帝陵"夫人"葬制初探》，刊《考古》2014 年第 1 期，页 78—81。

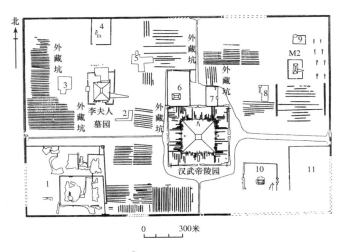

图 30　汉武帝茂陵陵园图 [1]

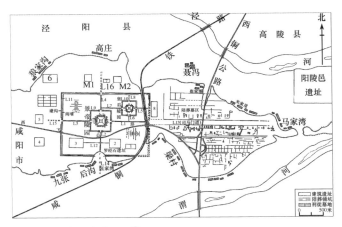

图 31　汉景帝阳陵陵区图 [2]

---

① 焦南峰《西汉帝陵"夫人"葬制初探》，刊《考古》2014 年第 1 期，页 79。
② 焦南峰《"同制京师"——大云山西汉王陵形制初识》，刊《东南文化》2013 年第 1 期，页 75。

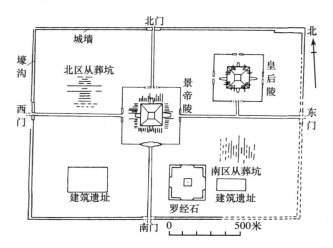

图 32 汉景帝阳陵陵园图 [1]

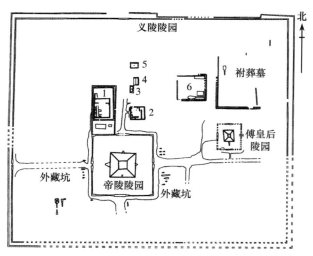

图 33 汉哀帝义陵陵园图 [2]

① 焦南峰《试论西汉帝陵的建设理念》，刊《考古》2007 年第 11 期，页 80。
② 焦南峰《西汉帝陵"夫人"葬制初探》，刊《考古》2014 年第 1 期，页 80。

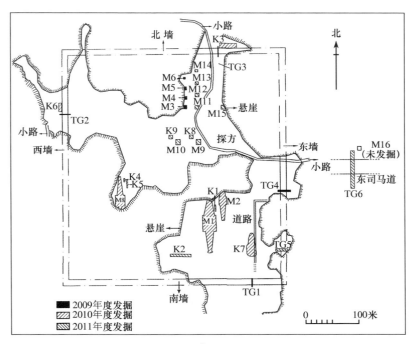

图 34　江苏盱眙大云山汉江都王陵园图 [1]

园外垣之内东北部区域的祔葬墓位置大体相当 [2]。焦南峰先生曾以"同制京师"为题，梳理了这座诸侯王的陵园与皇帝陵园的相似性。[3] 其他如保存情况相对较好的河南永城保安山梁孝王陵园，

---

① 南京博物院、盱眙县文广新局《江苏盱眙大云山汉墓》，刊《考古》2012 年第 7 期，页 54。

② 南京博物院、盱眙县文广新局《江苏盱眙大云山汉墓》，刊《考古》2012 年第 7 期，页 53—59。

③ 焦南峰《"同制京师"——大云山西汉王陵形制初识》，刊《东南文化》2013 年第 1 期，页 74—80。

在主墓东侧的陵园墙垣之内，另有祔葬或从葬的坟墓[1]，情形也与大云山江都王陵园相近（唯其王后墓在梁孝王墓北侧，或因地形而有所变通）。

这样，若是以一种通贯的眼光，来把皇帝陵园的整体平面布局形式与海昏侯墓园相对比，就会清晰看出西南这一区域的尊崇地位；再由此来审视西汉都城长安，则更有理由认定，对西南这一区域的尊崇，是生人居地和死者葬地选址时一以贯之的观念[2]。

四　回看长安城的平面布局形态

在全面、准确地把握西汉帝君王侯墓地布局的方位观念之后，现在我们重新回看长安城的平面布局形态。

在杨宽和刘庆柱两位先生对长安城平面布局形态的讨论过程中，在城垣的东侧和北侧是否存在郭区，是双方一项重大分歧：杨宽先生主张有，刘庆柱先生则认为没有。

旁观这两位先生的讨论，我觉得在一些具体细节上，可以说互有对错正误。我觉得，刘庆柱先生的立足点更偏倾于考古发现

---

[1]　河南省文物考古研究所《永城西汉梁国王陵与寝园》（郑州，中州古籍出版社，1996）第二章第一节《陵园概况》，页16—18。

[2]　按：焦南峰先生在主要以汉景帝阳陵为例探讨西汉帝陵的建设理念时，将陵园东侧集中分布的陪葬诸侯王和列侯等墓，与西汉诸侯王和列侯的封国多在长安城以东地区联系起来，认为二者之间在方位上存在着对应的关系，似未能中其肯綮。焦说见《试论西汉帝陵的建设理念》，刊《考古》2007年第11期，页80—87。

的遗迹，对相关建置审视得细致；杨宽先生的立足点，更偏倾于历史文献的记载，考察的眼光更为开阔，纵向的视野能够贯穿上下，横向的视野能够旁通阴阳。从总体上来说，我更认同杨宽先生的看法。

我说杨宽先生研究这一问题能够"旁通阴阳"，是指他能够通贯考察西汉帝王陵墓和京师城区的布局形式，在二者之间，找寻决定其空间配置形态的共同观念。

单纯就历史文献的记载而言，有一条重要记载与刘贺有关，这就是刘贺从昌邑国出发进京当皇帝时所经过的长安城"东郭门"。《汉书·昌邑王髆附子贺传》原文如下：

> 贺到霸上，大鸿胪郊迎，驺奉乘舆车。王使仆寿成御，郎中令遂参乘。旦至广明东都门，遂曰："礼，奔丧望见国都哭。此长安东郭门也。"贺曰："我嗌痛，不能哭。"至城门，遂复言，贺曰："城门与郭门等耳。"[1]

郦道元《水经注》，复具体指明，此"东都门"亦即"东郭门"，是长安城东出北头第一门宣平门外侧设置的郭门[2]，《汉书·元帝纪》唐颜师古注转述曹魏如淳注引录的古本《三辅黄图》，也说

---

[1] 《汉书》卷六三《昌邑王髆附子贺传》，页2765。
[2] 见《永乐大典》本《水经注》（北京，文学古籍刊行社，1955）卷八《渭水》，页12b。

"长安城东面北头门号宣平门，其外郭曰东都门也"①。

过去我在研究汉长安城对外交通道路时，曾具体论证过，宣平门及其外郭的东郭门，直接连接着长安城通往函谷关的大道，在长安城东面的三座城门中，交通地位最为重要。而长安城东出函谷关外经由宣平门南侧清明门和霸门（霸城门）的记载，则甚为罕见②。

《汉书·昌邑王髆附子贺传》这一记载，清清楚楚，确切无疑地表明，在长安城的东面，存在一个城垣之外的郭区，无论如何，也是没有办法否定的。

长安城在宣平门外的这片郭区，范围到底有多大，史籍中没有清楚地记载。不过，也能大致做一推测。《汉书·元帝纪》记载，建昭元年（前38）八月，"有白蛾群飞蔽日，从东都门至枳道"③。这个"枳道"，《史记·高祖本纪》写作"轵道"，就是汉高祖刘邦在秦末攻入关中时秦王子婴素车白马降身待罪的地方④，亦即所谓"枳道亭"（轵道亭）。曹魏人苏林在注释《汉书》时，说这个枳道亭"在长安城东十三里"⑤，而今本《三辅黄图》

---

① 《汉书》卷九《元帝纪》唐颜师古注，页294。
② 拙文《西汉至北周时期长安附近的陆路交通》，原载《中国历史地理论丛》1988年第3辑，收入敝人文集《古代交通与地理文献研究》（北京，中华书局，1996），页119。
③ 《汉书》卷九《元帝纪》，页293。
④ 《史记》卷八《高祖本纪》，页459。
⑤ 《汉书》卷一上《高帝纪》上并唐颜师古注，页22—23。

记云"东都门至外郭亭十三里"①，显示出这个枳道亭又称"外郭亭"。由此看来，宣平门东侧的郭区，最多也不会超出宣平门东十三里这个距离，而且从《汉书·元帝纪》记载白蛾蔽日群飞从东都门直到枳道亭的情况来看，距离枳道亭，还应该有较长一段距离。在东都门外、枳道亭内，另有西汉开国功臣夏侯婴的墓冢，据《水经·渭水注》记载，"在城东八里，饮马桥南四里"，而唐朝人司马贞著《史记索隐》，引述西晋张华的《博物志》，说夏侯婴的墓冢是在"东都门外"②，由此可以进一步落实，外郭的东都门距离宣平门最远也不会超过八里——这也就是汉长安城东郭向东延伸的最大范围。

王仲殊先生在发掘汉长安城东面的霸门（霸城门）和宣平门时，曾注意到这两座城门南北"两侧的墙各向外折出，略如后世的瓮城"，并推测说："文献记载中屡次提到宣平门门外有郭，可能就是即此而言的。"③但如前所述，刘贺西入长安城时，先经过"广明东都门"，这个在"东都门"前面冠加的"广明"一词，是一个苑名，戾太子之子、汉宣帝之父，即所谓"史皇孙"刘进

---

① 汉魏间佚名撰《三辅黄图》（北京，中华书局，2005，何清谷《三辅黄图校释》本）卷一"都城十二门"条，页76。

② 北魏郦道元《水经·渭水注》，据清王先谦《合校水经注》（北京，中华书局，2009，影印清光绪十八年长沙思贤讲舍原刻本）卷一九，页290。

③ 王仲殊《汉长安城考古工作的初步收获》《汉长安城考古工作收获续记——宣平城门的发掘》，分别原载于《考古通讯》1957年第5期、1958年第4期，此据中国社会科学院考古研究所汉长安工作队、西安市汉长安城遗址保管所编《长安城遗址研究》，页11，页18。

以及他的妃子王夫人，安葬于此地①。《水经·渭水注》记述其具体位置，是在广明苑的南侧，系由汉宣帝迁葬，并命名其墓园为"悼园"，而这个"悼园"，乃东邻夏侯婴冢②。综合考虑上述广明苑、东都门、夏侯婴冢、悼园这几处地点可知：东都门在广明苑，广明苑南侧是悼园，悼园东邻夏侯婴冢，夏侯婴冢在东都门外，距长安城东垣八里，故东都门应在夏侯婴冢西北不远的地方。

关于汉长安城的东郭，有迹象表明，似乎不仅在宣平门外存在郭区，在宣平门南面的清明门和霸门（霸城门）的外面，也有和"东郭门"一样的郭门。

过去杨宽先生在论述长安城的外郭问题时曾谈道："十二座城门外十里左右都设有亭，称为外郭亭。王莽曾经把十二座城门及其外郭亭更改名称。"③又云："西汉长安城每个城门外一定距离设有'外郭亭'用于邮传和防卫。"④这一说法，显然存在误解，即把设置于城门的"亭"这一机构（实质上这应该是指王

---

① 《汉书》卷六三《戾太子传》并唐颜师古注引曹魏苏林语，页2747—2748。
② 北魏郦道元《水经·渭水注》，据清王先谦《合校水经注》卷一九，页290。
③ 杨宽《西汉长安布局结构的探讨》，原载《文博》1984年创刊号，此据中国社会科学院考古研究所汉长安城工作队、西安市汉长安城遗址保管所编《长安城遗址研究》，页318。
④ 杨宽《西汉长安布局结构的再探讨》，原载《考古》1989年第4期，此据中国社会科学院考古研究所汉长安城工作队、西安市汉长安城遗址保管所编《长安城遗址研究》，页361。

莽改制之前汉武帝所设城门校尉下辖的"十二城门候"①，例如宣帝时丞相蔡义，微时即曾出任"覆盎城门候"②），理解为城门之外的"外郭亭"。对此，刘庆柱先生已经做出批驳，并质疑说："不知其根据是什么？"③杨宽先生这一说法固属错谬，而且也没有直接的依据，但这本来就出自他的推测，仔细阅读其论述的过程，是不难理解的。

值得注意的是，杨宽先生另外又明确讲道："据记载……向东出三座城门外，也都有外郭。"④对此，刘庆柱先生却没有给予应有的注意，而杨宽先生也没有清楚说明，依据的"记载"究竟是什么。杨宽先生这一行文方式，不能不影响读者对这一重要情况的理解和接受。

尽管杨宽先生行文疏略，没有注明史料依据，但这也不难查找，稍一翻检，就可以在北宋宋敏求编著的《长安志》中，看到相应的记载：

> 东出北头三门：
> 第一门名曰宣平门，外郭门曰东都门。

① 《汉书》卷一九上《百官公卿表》上，页 737。
② 《汉书》卷六六《蔡义传》，页 2898。
③ 刘庆柱《再论汉长安城布局结构及其相关问题——答杨宽先生》，原载《考古》1992 年第 7 期，此据中国社会科学院考古研究所汉长安城工作队、西安市汉长安城遗址保管所编《长安城遗址研究》，页 409。
④ 杨宽《西汉长安布局结构的再探讨》，据中国社会科学院考古研究所汉长安城工作队、西安市汉长安城遗址保管所编《长安城遗址研究》，页 361。

第二门名曰清明门，外郭门曰东平门。

第三门名曰霸城门，外郭门青门。①

宋氏编著《长安志》，论考据固未尝多予措意，上下文间实时有抵牾，然而若就采录文献而言，则如同时人赵彦若所云："穷传记诸子钞（抄）类之语，绝编断简，靡不总萃，隐括而究极之。"② 所以，自应有所依据，未可以其身处北宋而轻忽之。

检《金石萃编》载唐人柳玭在昭宗景福元年（892）撰写的《万寿寺记》，知宋敏求的说法或即本自此文：

汉长安城……东有三门，一宣平门，外郭东都门；一清明门，外郭东平门；一霸城门，外郭青门。③

唐人所见汉魏以来文献尚多，自非向壁虚造，而由前述东都门的实际情况可以推知，所谓"东平门"和"青门"，同样应当是离开清明门和霸门（霸城门）并向外延展一段距离的郭门。尽管这两个郭门的具体名称，还可以进一步探讨，但这一记载，不仅能够进一步明确认定汉长安城东郭区域的存在，而且还表明这一郭

---

① 宋宋敏求《长安志》（北京，国家图书馆出版社，2012，《中华再造善本》丛书影印国家图书馆藏明成化四年合阳书堂刻本）卷五，页中 104a—104b。

② 宋宋敏求《长安志》卷首赵彦若《长安志序》，页上 61b。

③ 清王昶《金石萃编》（北京，中国书店，1985）卷一一八唐柳玭《万寿寺记》，页1a。

区的范围相当广阔，包括城东很大一片区域。其实，就连杨宽先生本人，在谈到长安城东部的郭区时，也是重点强调它设在"东墙北部"①，对东墙中部和南部的郭区，并没有给予充分的关注。

情况比较复杂的是长安城垣之外北侧的区域，是否同样存在这样的郭区，文献记载对肯定一派的支撑似乎不够有力。尽管《水经·渭水注》载述汉长安城北出西头第一门横门"外郭有都门"②，过去杨宽先生即主要据此推测长安城存在北郭③，但对这一记载，不同的专家也有不同解读，加之《水经·渭水注》关于汉长安城诸门的记载，有严重的舛讹，也影响到对横门之外这一"外郭"的认识。

另外，《水经·渭水注》又记载说，在汉宣帝迁葬史皇孙及其妃王夫人于东都门附近的悼园之前，史皇孙等本来是"葬于郭北"。这一记载，在《汉书》中也可以得到佐证，乃谓在"广明郭北"。④ 这个"郭北"，应当就是指广明苑处于长安城东郭区域的北部。

除了横门外侧有郭门之外，杨宽先生还认为，长安城的"东市"，是在长安城北出西头第三门门外（也就是我依据刘庆柱先

---

① 杨宽《西汉长安布局结构的探讨》，据中国社会科学院考古研究所汉长安城工作队、西安市汉长安城遗址保管所编《长安城遗址研究》，页315—316。
② 北魏郦道元《水经·渭水注》，据清王先谦《合校水经注》卷一九，页288。
③ 杨宽《西汉长安布局结构的探讨》《西汉长安布局结构的再探讨》，据中国社会科学院考古研究所汉长安城工作队、西安市汉长安城遗址保管所编《长安城遗址研究》，页317，页362—363。
④ 《汉书》卷六三《戾太子传》，页2748。

生旧图改绘的"西汉长安城平面布局示意图"上的"杜门",杨宽和刘庆柱先生都把这个门的正式名称认定为"洛门",或称"洛城门")。由此可以推定,在这座城门以北,同样是商贸兴盛的外郭区域[1]。然而,这一看法在史料上同样存在一些纠葛,涉及长安城北面一些城门的名称问题,对此同样可以做出不同的解说[2]。

对于这一问题,近年发现的汉代渭桥遗址,可以为我们提供一些帮助。考古工作者近年发掘到多处渭河古桥遗址,具体建造年代尚未全部认定,应属前后不同时期,但汉长安城北出西头第二门至第三门之外,至少各自有一座桥梁遗迹,应属西汉时期[3],结合文献中横门外自有桥梁相通的记载[4],基本可以认为,西汉长安城北面的三座城门,北趋渭水,各自都应有一座桥梁,跨河往来。

---

① 杨宽《西汉长安布局结构的探讨》《西汉长安布局结构的再探讨》,据中国社会科学院考古研究所汉长安城工作队、西安市汉长安城遗址保管所编《长安城遗址研究》,页316—317。

② 刘庆柱《汉长安布局结构辨析——与杨宽先生商榷》《再论汉长安城布局结构及其相关问题——答杨宽先生》,前文原载《考古》1987年第10期,此并据中国社会科学院考古研究所汉长安城工作队、西安市汉长安城遗址保管所编《长安城遗址研究》,页325,页410—411。

③ 陕西省考古研究院、中国社会科学院考古研究所渭桥工作队、西安市文物保护考古研究院《西安市汉长安城北渭桥遗址》,刊《考古》2014年第7期,页34—47。

④ 北魏郦道元《水经·渭水注》,据清王先谦《合校水经注》卷一九,页287。《汉书》卷六三《戾太子传》,页2747。《史记》卷四九《外戚世家》唐张守节《正义》引唐李泰等撰《括地志》,页2403。

图 35 汉长安城北面中间一门之
外的汉代渭桥遗迹 ①

----

① 陕西省考古研究院、中国社会科学院考古研究所渭桥工作队、西安市文物保护
考古研究院《西安市汉长安城北渭桥遗址》，刊《考古》2014 年第 7 期，页 37。

海昏侯墓园与西汉长安城平面布局形态 | 121

《史记·孝景本纪》记云："五年三月，作阳陵、渭桥。"[①] 这里所说兴建阳陵与渭桥，应当是紧密关联的两件事情，即为兴建阳陵工程的需要而同时架设一座渭桥。从相对方位关系来看，新发现的这两座渭河上的汉代桥梁，其中有一座，或为此时所建。但总的来说，在渭河水面如此密集地架设桥梁，恐怕已不是出自长途交通的需要，更像是渭河南北两处城区之间密切联系的需求，其中也包括杨宽先生谈到过的长安城北郭区域兴盛的商业交易活动。不然的话，对这样在很短距离之内密集兴建的跨渭桥梁，是很难做出解释的。

按照这样的理解，西汉长安城的北部，不仅设有郭区，而且郭区的面积还很大，已经跨越渭水，延展到渭河北岸。假若此说不误，渭河北岸这片居民区，显然应与秦咸阳城旧有的城区具有前后继承关系。不过，这仍然只是一种推测，要想更好地说明长安城北郭区域的存在，仍然无法回避相关门名到底指的是哪一座城门的问题。

下面，就花费一些笔墨和时间，仔细审辨一下汉长安城诸门的名称，以从根本上弄清长安城是否存在所谓"北郭"区域。

五　长安城诸门名称

关于西汉长安城四面十二门的名称，历史文献的记载不够清

---

① 《史记》卷一一《孝景本纪》，页 563。

楚。杨宽先生和刘庆柱先生对长安城郭区是否存在的讨论，都牵涉这一问题；更确切地说，实质上都是以这些有限的文献作为基础的。

　　记载长安城诸门名称的典籍，以《水经注》最为全面，但在现行《水经注》的文本当中，这一段记述存在很多舛讹，有待厘清。我在读研究生时，曾对相关问题做过一些考订，得出的看法，与现在的通行说法（如刘庆柱等）颇有不同。[①] 现在结合长安城东郭、北郭问题，进一步思考这一问题，同时又得以利用当年无

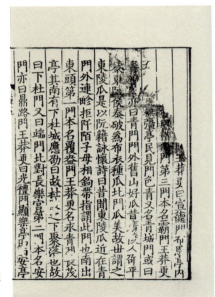

图36　"中华再造善本"丛书影印残宋本《水经注》

---

① 拙文《〈水经·渭水注〉若干问题疏证》，原载《中国历史地理论丛》1988 年第 3 辑，收入敝人文集《古代交通与地理文献研究》，页 256—262。

海昏侯墓园与西汉长安城平面布局形态　|　123

法看到的宋刻残本等《水经注》早期版本，得出了一些新的看法，认识有所深化，也有所改变。在此，对这一问题一并予以说明。

首先，让我们来看一下传世版本中年代最早的残宋本《水经注》，在《渭水注》中，其相关文字如下（残宋本缺损处，补以源出宋本的《永乐大典》本，用〖 〗标记。又文中●号，表示原本此处羼入大段错简，今以●号省之）：

渭水又径〖长〗安城北。〖汉惠帝〗元年筑，六年成。即咸阳也，奉离宫，无城，故〖城之。王莽〗更名常安。十二门。

东出北头第一门，本〖名宣平门。王〗莽更名春王门正月亭。亦曰东城门。其〖郭门亦曰东都门〗，即逢萌挂冠处也。

第二门本名〖清明门，一曰凯〗门。王莽更曰宣德门布恩亭。内〖有藉田仓，亦〗曰藉田门。

第三门本名霸门。王莽更〖名仁寿门〗无强亭。民见门色青，又名青城门。或曰青〖绮门〗，亦曰青门。门外旧山好瓜。昔广陵人邵平，秦东陵侯。秦破，为布衣，种瓜北门。瓜美，故世谓之东陵瓜。是以阮籍《咏怀诗》曰："昔闻东陵瓜，近在青门外。连畛拒阡陌，子母相钩带。"指谓此门也。

南出东头第一门，本名覆盎门。王莽更名永青门长茂亭。其南有下杜城。应劭曰："故杜〖陵〗之下聚落也。"故曰下杜门。又曰端门。北对长乐宫。

第二门本名安门，亦曰鼎路门。王莽更曰光礼门显乐亭。

即西安亭，北对未央宫。本名平门，王莽更名信平门城正亭。

西出南头第一门本名章门。王莽更名万秋门亿年亭。亦曰故光毕门也。又曰便门。

第二本名直门。王莽更名直道门端路亭。故龙楼门也。张晏曰："门楼有铜龙。"《三辅黄图》曰："长安西出第二门即此门也。"

第三门本名西城门，亦曰雍门。王莽更名章义门著谊亭。其水北入有函里，民名曰函里门。又曰〖光门。亦〗曰突门。

北出西头第一门本名横门。王莽〖更名霸都门〗左幽亭。如淳曰："音光。"故曰光门。其外〖郭有都门，有棘门。徐〗广曰："棘门在渭北。"孟康曰："在〖长安北，秦时宫门也。如〗淳曰：《三辅黄图》曰'棘门在〖横门外'。"按《汉书》，徐厉〗军于此，备匈奴。又有通门、亥门〖也。

其地二门本名〗洛门。又曰朝门。王莽更名建子〖门广世亭。一〗曰高门。苏林曰："高门，长安城北门也。"●厨门，其内有长安厨官在东，故城曰厨门也。如淳曰："今名广门也。"

第三门本名杜门，亦曰利城门。王莽更名进和门临水亭。其外有客舍，故民曰客舍门。又曰洛门也。①

上文中"厨门"之前，本羼入很长一大段错简，最突出地反映出传世《水经注》文本这段文字的舛乱程度。

尽管如此，因后世流传的《水经注》版本无不由此宋刻本衍生，例如年代较早的明《永乐大典》写本、明嘉靖黄省曾刻本等都是如此，所以这个文本还是较多地保存了郦道元原书固有的面目，是我们确定西汉长安城十二门名最基本的史料依据。

下面我们先来勘定一下《水经·渭水注》这段内容。

（一）从命名通例看"西城门"不是西出南头第三门的本名

审视上述汉长安城诸门名称，可见除西出南头第三门"本名西城门外"，其余各门的"本名"都不带"城"字。不过，其他各门，似乎也都可以再插入一个"城"字。如霸门、章门、直门、洛门、厨门，《三辅黄图》即分别书作霸城门、章城门、直城门、洛城门、厨城门。②又如宣平门，《汉书·王莽传》和古

<hr>

① 见《中华再造善本》丛书影印国家图书馆藏残宋本《水经注》（北京，北京图书馆出版社，2003）卷一九《渭水》，页8b—10a，页23a；《永乐大典》本《水经注》卷八《渭水》，页12b—13a，页19a。
② 汉魏间佚名撰《三辅黄图》卷一"都城十二门"条，页73，页83，页85，页87，页88。

本《三辅黄图》，也都称作"宣平城门"[1]；覆盎门，《汉书》亦作"覆盎城门"[2]。陈直先生说他曾藏有"章门观监"封泥[3]，可证《水经注》以"章门"为其门本名自符合史实，而诸门本名应均无"城"字，门名中所有的"城"，或属俗称，或为后人增附。

循此通例，所谓"西城门"，也不应该是这座城门的"本名"。盖长安城西侧既辟有三座城门，何以此门竟能独以"西城门"为"正名"？这是很不合乎情理的，实应与东出北头第一门宣平门被称作"东城门"一样，并不是城门的"本名"。

在长安城西出三门中，以此南头第三门，对普通民众的出入往来，作用最大。这是因为西出南头第一门和第二门，前者正对未央宫，对普通民众自然毫无用处；后者通往未央宫北侧的大道，而这条大道也不是寻常百姓可以随意通行的。

一者在这条大道之南，有未央宫，其北则有桂宫、北宫以及达官贵人居住的"北阙甲第"，一般庶民轻易不会来此；二者这条大道的南侧，侧临未央宫重要宫门之一——建有高阙的北门，皇帝西出上林苑以及长安城西其他亭台楼观游玩，恐怕主要要经由此门，故朝廷对行人通过设有一些特殊的限制。《汉书·成帝纪》载汉成帝在登基之前为太子时，"初居桂宫，上尝召急，太

---

① 《汉书》卷九九下《王莽传》下，页 4190；又卷九《元帝纪》唐颜师古注述曹魏如淳引录《三辅黄图》，页 294。
② 《汉书》卷六六《刘屈牦传》，页 2881。
③ 陈直《三辅黄图校证》（西安，陕西人民出版社，1982）卷一"都城十二门"条，页 25。

子出龙楼门，不敢绝驰道，西至直城门，得绝乃度"[1]。龙楼门应是桂宫的南门，上引《水经注》将其记作直门亦即直城门的别称，实误，南宋人程大昌早有考辨[2]。所谓"驰道"，则为汉长安城内城门所通各条大街上中间一条车道，专供天子御用，但假若城中每一条大街除皇帝之外他人都不得横绝驰道，非回绕至城门之外不可，则无异于断绝城内各大街区之间的人员往来，实属不可思议。故平时禁绝横跨者，疑仅未央宫北阙和东阙所面临的两条大街才会有此禁令。这样一来，寻常百姓势必更难经由直门西出东入。

通过以上分析不难看出，在长安城西出三门当中，实应只有南头第三门、也就是最北头的这座城门出入最为频繁。在前面的第四节中，我已经谈到，在长安城东面的三座城门中，最北头的宣平门，其交通地位最为重要，故《水经注》记其独有"东城门"之名。同理，"西城门"也应该是这样的俗称，《水经注》记述这一称谓为西出北头第三门的"本名"，应有讹误。由于"西城门"是一种俗称，一产生也就自然带有"城"字，与其他城门正名中后附的"城"字不同。核其实际，《水经注》的文字，在"第三门本名"与"西城门"之间当有脱文，原文似应书作"第三门本名某门，又曰西城门"，而在辗转写录过程中脱去中间数字，讹变成了今天所见的文本。

---

① 《汉书》卷一〇《成帝纪》，页 301。
② 宋程大昌《雍录》（北京，中华书局，2002）卷九"龙楼驰道"条，页 185—186。

不过这座城门的本名到底叫什么，目前我还没有见到记载，只能暂付阙如，我在图中用"雍门"标示此门，不过是不得已的替代办法。

把握长安城诸门"正名"这一命名通例，对我们在下文理解《水经注》的文字错讹，会有很大帮助。

（二）"洛门"确属北出西头第二门的本名

下面再来看北出西头第二、第三这两座城门的名称。关于这两座城门的名称，在清代因首冠《御制题郦道元水经注六韵》而近乎钦定的殿本和以殿本为主撰就的王先谦合校本《水经注》中，对宋代以来的古本改动甚大，径以第二门的本名为"厨门"[①]；加之今本《三辅黄图》系以第二门为"厨城门"、第三门为"洛城门"，以致今考古学家多习焉不察，自王仲殊先生开启长安城发掘工作时起，即普遍依循今本《三辅黄图》的说法，认定长安城诸门的名称，俨然一种理所当然的定说[②]。影响所及，

---

① 见《四部丛刊初编》影印清乾隆《武英殿聚珍版书》本《水经注》（上海，商务印书馆，1919）卷一九《渭水》，页 12b。清王先谦《合校水经注》卷一九《渭水》，页 288。

② 王仲殊《汉长安城考古工作的初步收获》；周苏平、王子今《汉长安城西北区陶俑作坊遗址》，原载《文博》1985 年第 3 期；中国社会科学院考古研究所汉城工作队《长安城 23～27 号窑址发掘简报》，原载《考古》1994 年第 11 期；刘庆柱、李毓芳《汉长安城的宫城和市里布局形制述论》，原载《考古学研究——纪念陕西省考古研究所成立三十周年》（1993）。上述诸据中国社会科学院考古研究所汉长安城工作队、西安市汉长安城遗址保管所编《长安城遗址研究》，页 11，页 32，页 83，页 417。

就连在对长安城布局形态的认识上与刘庆柱先生严重对立的杨宽先生，也同样承用其说①。

就《水经注》自身的版本情况而言，在存世宋刻残本中，讲述北出西头第二门序次的文字，已经缺损不存，《永乐大典》书作"其地二门本名"，《玉海》引述《水经注》，作"北出西头第二门本名洛门"②，出自残宋本的明嘉靖黄省曾本亦镌为"其第二门本名"，知"地"字应正作"第"，其具体的名称，一如残宋本和《大典》本，是"洛门"二字③。还有比传世宋刻本来源更早的宋版《太平御览》，摘要引述《水经注》这段文字，同样是"第二门洛门"。④可见，就《水经注》版本所提供的文字内容而言，殿本的改动，是缺乏相应依据的。

《三辅黄图》一书，撰著于汉魏之间，年代虽然较早，具有较高史料价值，但其书在唐代初年以后即散佚失传，今本《三辅黄图》是在唐代中期前后依据诸书引述的佚文重编而成，初刻于南宋绍兴年间。北宋初年乐史的《太平寰宇记》、北宋中期宋敏求的《长安志》两部书中引述的《三辅黄图》，其文字"又胜于

---

① 杨宽《中国古代都城制度史研究》(上海，上海古籍出版社，1993)上编第十章第二节《内城性质的长安》，页117。

② 宋王应麟《玉海》(京都，中文出版社，1986，影印元刻本)卷一六九《宫室·门阙》"汉长安十二门"条，页3201。

③ 见中国书店影印明嘉靖黄省曾刻本《水经注》(北京，中国书店，2012)卷一九《渭水》，页9a。

④ 宋李昉等《太平御览》(北京，中华书局，1960，影印宋刻本)卷一八二《居处部·门》，页887。

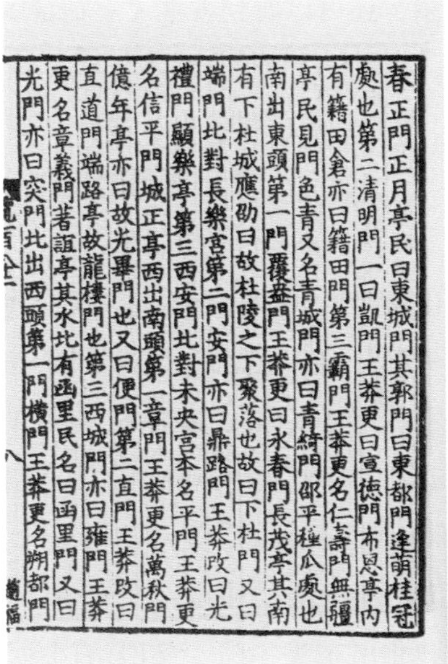
春正門正月亭民曰東城門其郭門曰東都門逢萌桂冠
處也第二清明門一曰凱門王莽更曰宣德門布恩亭內
有籍田倉亦曰籍田門第三霸門王莽更名仁壽門無疆
亭民見門色青又名青城門亦曰青綺門邵平種瓜處也
南出東頭第一門覆盎門王莽更曰永春門長茂亭其南
有下杜城應劭曰故杜陵之下聚落也故曰下杜門又曰
端門北對長樂宮第二門安門亦曰鼎路門王莽改曰光
禮門顯樂亭第三西安門北對未央宮本名平門王莽更
名信平門城正亭西出南頭第一章門王莽更名萬秋門
億年亭亦曰故光華門也又曰便門第二直門王莽改曰
直道門端路亭故龍樓門也第三西城門亦曰雍門王莽
更名章義門著誼亭其水北有函里民名曰函里門又曰
光門亦曰突門北出西頭第一門橫門王莽更名朔都門

图 37　宋刻本《太平御览》引《水经注》文

南宋时本”。至于南宋时期的程大昌《雍录》、王应麟《玉海》，其引述《三辅黄图》，已经颇有增益，极大地改变了古本《黄图》的面目。[①] 因知吾辈当下所得阅览的今本《三辅黄图》，已远非古本旧貌，需要慎重对待。清人孙星衍等辑录《黄图》古本的佚文，在长安城十二门部分，多据《水经注》以删订《玉海》等书的引文，就是基于这样的认识。

好在我们在唐章怀太子李贤率人给《后汉书》所作的注释

① 清孙星衍、庄逵吉《三辅黄图新校正》（清嘉庆十九年刊《平津馆丛书》本）卷首孙星衍自序，页 1a—2b。

中，还可以看到古本《三辅黄图》对此"洛门"的记述：

> 《三辅黄图》曰：洛城门，王莽改曰建子门。其内有长
> 安厨官，俗名之为厨城门。今长安故城北面之中门是也。[1]

由此可以认定，今本《三辅黄图》把洛门（洛城门）记作北出西头第三门，也就是长安城北面东头一门，这是出自后人妄作，绝不能用作复原长安城诸门名称的依据，而这座都城北出中间一门亦即《水经注》所说北出西头第二门的"本名"，无疑应如宋本《水经注》所记，是"洛门"。

需要说明的是，在宋本《水经注》中，已经可以看到长安城北出东头一门"又曰洛门也"这样的说法。但长安城十二城门，本不应有两门同名；尤其是其"本名"，更不可能相重；再加上这是两座东西相互毗邻的城门，可以说是绝不可能的事情。这是依据常理就可以断定的。清末人杨守敬对待这两个"洛门"，却采取了一种和稀泥的办法，以为"门名随时变易，固不嫌其前后同名也"。也就是说，在他看来，这两座城门是在前后不同的时代，先后被称作"杜门"，看起来好像相重，实际不重。杨氏并没有举述证据来支撑这一臆想，实际上也根本没有相应的证据。事实上，杨守敬继此之后，很快就在下文否定了自己的说法，以为还是要二者择一。不过他因未能深入考辨而

---

① 《后汉书》（北京，中华书局，1965）卷一一《刘玄传》唐李贤注，页475。

做出了错误的抉择。①

不过，追本溯源，今本《三辅黄图》把"洛门"（洛城门）视作此门的正名，也不是毫无缘由，这就是我们在今本《三辅黄图》中可以看到，行年略晚于郦道元的杨衒之，在所撰《庙记》中，即把"洛门"视作北城墙上与南面的覆盎门相对的城门②。

在厘定"洛门"究竟是哪一座城门名称的时候，原则上还需要注意如下两点：第一，除去后人所羼入内容之后的《水经注》，其有关长安城十二城门的表述，是一项系统的记载。第二，这样的记载，一定要有系统的数据做依据，而从《水经注》这段内容已经不止一次引述过《三辅黄图》，以及唐宋以前人述及此事都是以《三辅黄图》为基本依据这些情况来看，古本《三辅黄图》一定是郦道元依据的一项主要资料。昔宋人程大昌撰著《雍录》，所绘《汉长安城图》，自言"本《水经注》为之而参以它书"，盖以"《水经注》叙载方面名称，颇为周悉"③，就是在披览当时所见今本《三辅黄图》等各项相关史籍之后得出的合理认识。

基于这样两个基本立足点，我们便不难看到，与《水经·渭水注》的系统性记载相比，我们现在所看到的《庙记》这一记述，并不可取，其间应存在讹误（其中也存在今本《三辅黄图》纂集者误述的可能）。

---

① 清杨守敬《水经注疏》（南京，江苏古籍出版社，1989）卷一九，页1589—1590。
② 汉魏间佚名撰《三辅黄图》卷一"都城十二门"条引《庙记》，页79。
③ 宋程大昌《雍录》卷二"汉长安城图"条，图四。

在如上文所论，肯定了"洛门"为北面中间一门的"本名"之后，我们在《水经·渭水注》所述十二城门之末见到的"又曰洛门也"这句话，就只能是在传抄过程中衍生的内容，更有可能是无意间羼入了读书人误加的旁批。至于这个错误的旁批是不是因《庙记》而生，今已无从考定。

确定了"洛门"这一名称之后，还需要理解它的涵义。虽然我们并不能完全了解长安城每一座城门的涵义，但在历史文献中留下了这座洛门得名的缘由。《晋书·天文志》述云：

> 北落师门一星，在羽林西南。北者，宿在北方也；落，天之藩落也；师，众也；师门，犹军门也。长安城北门曰北落门，以象此也。主非常以候兵，有星守之，虏入塞中，兵起。[1]

这里所说"北落门"，应衍一"北"字，"落门"亦即"洛门"，《水经注》等典籍所记"洛门"，乃以"洛"通"落"。杨守敬尝据此以为洛门"又作落门"[2]，实则未能判明二者之间的本末关系。

盖西汉初年很长一段时间内，承秦末破败之局，在与北方匈奴的争斗中，一直处于被动挨打的守势。当时局势之严重，如

---

① 《晋书》（北京，中华书局，1974）卷一一《天文志》上，页305。
② 清杨守敬《水经注疏》卷一九，页1589。

汉文帝后六年（前158）冬，"匈奴三万人入上郡，三万人入云中"，汉文帝派兵在边地抗击的同时，复命"河内守周亚夫为将军，居细柳；宗正刘礼为将军，居霸上；祝兹军棘门，以备胡"。直待数月之后，匈奴兵退去，才撤出守军，结束临战状态。[1] 细柳、霸上和棘门三地，分别位于长安城西北的渭河北岸、长安城东的灞河东岸以及长安城北的渭河北岸[2]，其中"棘门"一地，南对横门外的横桥，就是《水经·渭水注》引述《汉书》所说徐厉军于此以备匈奴者[3]。

在这样的历史背景下，我们也就能够理解，汉初对北边匈奴之患的忧虑和防备有多深切，从而明白将这座城门命名为"落门"（洛门）的缘由：用以表明这座城门乃都城长安之藩落，时时防范突入塞中的北虏。

（三）"杜门"自是北出西头第三门的本名

确定"洛门"是长安城北面中间一门而不是东头一门的"本名"，同时还了解了其得名的缘由，就可以更好地判断长安城北出西头第三门、亦即北面东头一门的名称。

如《水经·渭水注》所示，这座城门"本名杜门"，这本来有非常清楚的记载，可是今本《三辅黄图》记述说南出东头第

---

① 《史记》卷一〇《孝文本纪》，页546。
② 拙文《西汉至北周时期长安附近的陆路交通》，据敝人文集《古代交通与地理文献研究》，页121—122，页129，页132。
③ 《史记》卷五七《绛侯周勃世家》，页2519—2520。

一门覆盎门也"一号杜门"①。在这里，我们又碰到了前面在讨论"洛门"是哪一座城门的名称时遭遇过的问题：这两座城门会不会共享同一个名称？我想，如果不是与"洛门"一样的文字舛讹，就只能是出自后人错误的用法，实际上同样不可能出现这种状况。

今本《三辅黄图》纪事往往并不可信，这一点前面已经讲过。因而，本来不必特别在意今本《三辅黄图》这一记载。两相权衡，径自依从《水经注》的说法就是了。昔孙星衍辑录古本《三辅黄图》，就是依据《水经注》削去了《玉海》引文中"一号杜门"四字②。

不过，问题的复杂性在于，覆盎门别称"杜门"，并不是仅仅见于今本《三辅黄图》。唐司马贞《史记索隐》引西晋时人潘岳撰《关中记》述云：

　　明堂在长安城门外，杜门之西也。③

汉长安明堂的遗址已被发掘，正位于南面中间一门安门以外、南面东头一门覆盎门之西，所以，《关中记》所说的"杜门"，指的显然是覆盎门。

---

① 汉魏间佚名撰《三辅黄图》卷一"都城十二门"条，页79。
② 清孙星衍、庄逵吉《三辅黄图新校正》，页5a。
③ 《史记》卷一二《孝武本纪》唐司马贞《索隐》，页576。

对于这一问题，与《水经·渭水注》的记载相比，这里也应该存在舛误。造成舛误的原因，应是覆盎门因南对下杜城而别称"下杜门"，潘岳原文或本书作"下杜门之西也"，后脱去"下"字而讹作"杜门"。唐初人颜师古在注释《汉书》时，称"长安城南出东头第一门曰覆盎城门，一号杜门"[1]，应同样是出于疏忽，把"下杜门"错讹成"杜门"，这也是今本《三辅黄图》误称覆盎门"一号杜门"的来源。

然而，覆盎门别称"杜门"，看起来似乎还有更为有力的证据。这就是据《汉书·戾太子传》记载，戾太子在长安城中反叛失败后，"南奔覆盎城门，得出"[2]，而《水经注》记述此事，却谓"太子巫蛊事发，斫杜门东出"[3]。乍一看来，这是"杜门"即覆盎门的铁证，过去我在疏证《水经注》的文字时，就是这样看待这一问题的[4]。

不过仔细斟酌，却可以发现，情况并不这样简单。把《水经注》记述的"杜门"看作《汉书》记述的"覆盎门"，也就是"下杜门"，要有一个必备的前提：这两部书载录的史事是完全相同的。换句话说，也就是《水经注》中戾太子所斫的"杜门"和《汉书》中戾太子南奔的"覆盎门"，讲的是同一座城门。

---

① 《汉书》卷六六《刘屈氂传》唐颜师古注，页2881—2882。
② 《汉书》卷六六《刘屈氂传》，页2881。
③ 北魏郦道元《水经·渭水注》，据王先谦《合校水经注》卷一九，页289。
④ 拙文《〈水经·渭水注〉若干问题疏证》，据敝人文集《古代交通与地理文献研究》，页262。

首先，《汉书》说戾太子"南奔覆盎城门"，就不可能是指北面的"杜门"，只能是南面的"下杜门"。其次，如前文所述，《水经注》本来记载"杜门"是长安城北面东头一门的名称。在这一前提下，郦道元记戾太子"斫杜门东出"，若是不考虑其他因素，对这个"杜门"最合理的解释，就应该是长安城北面东头一门。当然，《水经注》是一部大书，编录了很多文献，前后矛盾的地方有很多，不能这么简单地做出裁断。

值得注意的是，在前面第四节中已经提到，在戾太子这次兵变中死亡的史皇孙以及乃妃王夫人本来是被"葬于郭北"，也就是长安城郭区的北部，这就接近《水经注》所说长安城北面东头的"杜门"了。

我们看当时的形势，戾太子兵败出逃于湖县，被杀时，皇孙二人等随太子者"皆并遇害"，戾太子等即安葬于湖，而"卫后、史良娣葬长安城南。史皇孙、史皇孙妃王夫人及皇女孙葬广明"①。戾太子一家被害，葬地却散处各地，应该是各随便宜，就近下葬。随从戾太子一同逃奔至湖县的两位皇孙，只能随太子埋葬于湖县。卫后系在长乐宫中被逼自杀，宫里不能埋人，故被草草瘗于城南②。史良娣被杀时情况不明，估计也是在宫中遇难，故同样被安葬在城南。

其余如史皇孙和王夫人等之所以被"葬于郭北"，则大可琢磨。

———————————

① 《汉书》卷六三《戾太子传》，页 2746—2748。
② 《汉书》卷九七上《外戚传》上，页 3950。

考虑到在戾太子三男一女中有二子随其一同逃到了湖县，剩下的一男即史皇孙，一女即与其葬在一处的"皇女孙"，不难推断，这全部三男一女以及史皇孙妃王夫人，应是与戾太子一同出离长安城，而史皇孙等途中遇害，戾太子率其余二子继续逃至湖县。

这样看来，戾太子所斫"杜门"也就更应该是北面东头一门。盖南奔覆盎门后，面对的是终南大山，由此折向东北方向的函谷关大道以去往湖县，绕道很远，不是仓促逃命的戾太子所应选择的；比较而言，如前所述，宣平门本是长安城东出最常行走的城门，东出宣平门应最为便捷，但戾太子当时可能遇到了阻碍，故不得不就近转攻北邻的杜门，出城后再转趋东都门方向，而就在这一过程中，史皇孙等被杀，于是被汉廷就地掩埋于"广明郭北"。

按照这样的分析，《汉书》记戾太子"南奔覆盎城门"，就是一种错误的记载。致误的原因，很可能是所依据的原始资料，把"杜门"误作"下杜门"，再把"下杜门"这个别称转换成这座城门的"本名"，于是就讹变成了"覆盎城门"。不管怎样，像《史记》和《汉书》这样的史学经典，同样会有错误的记载。对具体的问题，只能实事求是，做具体的分析（当然，若是转换一个角度来看，也有可能是《水经注》把"斫下杜门"讹作"斫杜门"，不过我目前认为这种可能性相对较小）。

总之，我认为并没有过硬的理由一定要改变《水经注》的记载，"杜门"还应该是长安城北面东头一门的"本名"，而长安城南面东头一门只是别称"下杜门"，"杜门"与其无关。

"杜门"从表面上看，很容易被后人把它和"下杜门"弄混，可这两个名称本来的涵义却不存在什么关联。前面我们已经知道，"洛门"本是"落门"的一种异写，其寄寓的意愿，是将此门视作长安城的藩落。明白这一情况，也就有理由推测，"杜门"之"杜"应该是防堵的意思，"杜门"一名，意味着阻塞来自北方的攻击。

（四）"平门"是南出东头第三门的本名

通看《水经·渭水注》关于长安城十二门的记载，可以很明显地看出，在南出东头第二门和西出南头第一门之间，文字有很严重的错讹，甚至夺去了南出东头"第三门"这个关键词语。不过循其通例，不难看出，"本名平门"这四个字，应当紧接在夺落的"第三门"一语之下。

检《太平御览》摘录的这段有关长安城门名的文字，在上文"王莽改曰光礼门显乐亭"之下，书作：

> 第三西安门，北对未央宫。本名平门。王莽更名信平门
> 城正亭。[1]

两相比较，我推测，《水经注》原文应在"王莽改曰光礼门显乐亭"句下，以"即……"的形式，写有一段话，但具体的内容，

---

[1] 宋李昉等《太平御览》卷一八二《居处部·门》，页 887。

已经脱落，仅残存一个"即"字。

接下来本应书作："第三门本名平门，亦曰西安门。北对未央宫。王莽更名信平门城正亭。"南宋时人王益之撰《西汉年纪》，摘要引述《水经注》这段内容，文曰：

> 第三门名平门，北对未央宫。[①]

这在一定程度上可以印证上述推测。不过，《太平御览》摘引的《水经注》，大概与今天所见残宋本属于同一系统，其前后文句已经被错置成"第三西安门，北对未央宫。本名平门。王莽更名信平门城正亭"。这与残宋本《水经注》的内容是基本一致的，只是今存残宋本《水经注》又把"西安门"误书作"西安亭"，增添了新的错谬。

（五）"光门"和"突门"都是北出西头第一门横门的别称

综合残宋本和《永乐大典》本，现在我们在西出南头第三门、亦即西面北头一门雍门下看到的"又曰光门，亦曰突门"这两句话，位置也应当做出调整。

我们看到，在其下文北出西头第一门横门之下，有文云"如淳曰：'音光。'故曰光门"，这里如淳所说"音光"二字，自然

---

① 宋王益之《西汉年纪》（上海，商务印书馆，1937，排印《国学基本丛书》本）卷一七，页258。

是针对"横门"之"横"而发，检核《史记》《汉书》旧注引述的如淳注语，正是书作"横音光"[1]，《太平御览》引述的《水经注》，本来也是带有这个被注音的"横"字[2]。因此，"又曰光门"四字，必属横门之下无疑。

"亦曰突门"四字，从文气上看，与"又曰光门"紧密相承，似应同时由横门舛入雍门之下。杨衒之《庙记》记长安东、西两市事，尝述及这一"突门"，文曰：

> 长安市九所，各方二百六十六步。六市在道西，三市在道东。四里为一市，凡九市。致九州之人在突门，夹横桥大道。[3]

横桥南对横门[4]，故"夹横桥大道"亦即夹峙横门至横桥间大道，因而"九州之人"所在的"突门"，就只能是指横门。由此可见，"又曰光门，亦曰突门"这两句话，俱应属横门下的内容，确实是同时被错置在了雍门之下。

（六）"函里"在雍门之外

《水经·渭水注》雍门项下，在"又曰光门，亦曰突门"的

---

① 《史记》卷四九《外戚世家》刘宋裴骃《集解》引如淳语，页 2403。《汉书》卷一〇《成帝纪》唐颜师古注引如淳语，页 307。
② 宋李昉等《太平御览》卷一八二《居处部·门》，页 887。
③ 宋乐史《太平寰宇记》（北京，中华书局，2007）卷二五，页 534。
④ 汉魏间佚名撰《三辅黄图》卷一"都城十二门"条，页 88。

前面，"其水北入有函里，民名曰函里门"这两句话，也存在很大问题。因为上文并没有提到某一水道的流路，"其水北入"云云没头没脑，文字一定存在讹误①。

在下文杜门项下《水经注》有句云"其外有客舍，故民曰客舍门"，杨守敬弟子熊会贞援引此例，以为"'水'与'外'形近，则'其水'盖'其外'之误，'北入'二字疑亦有误"②。今按此句《太平御览》引文作"其水北有函里"，无"入"字③，而与《水经注》下文"（厨门）其内有长安厨官在东"句式相类，即云函里在雍门外大道的北侧，语义通豁，可释熊氏之疑。

（七）新定《水经注》长安十二门文字

上面校订了《水经注》中涉及实质性内容的主要文字错讹，依据这些校订，可以把《水经注》有关长安城十二门的内容，重新予以厘定。此外，还有一些较小的文字讹误，也需要加以改订。

下面，就以前文所做校订为主，再对其他文字讹误随文勘改，新定相关文字如下（除依前说改移和删除的文字之外，新增的文字，以〔〕标示，说明性文字，以【】标示）：

---

① 按：杨宽先生将"其水"的"水"字解作"氿水"，但我在上下文中看不到这样理解有什么合理的依据。杨说见《西汉长安布局结构的探讨》《西汉长安布局结构的再探讨》，据中国社会科学院考古研究所汉长安城工作队、西安市汉长安城遗址保管所编《长安城遗址研究》，页316，页364。
② 清杨守敬《水经注疏》卷一九附熊会贞按语，页1588。
③ 宋李昉等《太平御览》卷一八二《居处部·门》，页887。

渭水又〔东〕径长安城北①。汉惠帝元年（前194）筑，六年成。即咸阳也，秦离宫②，无城，故城之。王莽更名常安。十二门。

东出北头第一门，本名宣平门。王莽更名春王门正月亭。亦曰东城门。其郭门亦曰东都门，即逢萌挂冠处也③。

第二门本名清明门，一曰凯门。王莽更曰宣德门布恩亭。内有藉田仓，亦曰藉田门。

第三门本名霸门。王莽更名仁寿门无疆亭④。民见门色青，又名青城门。或曰青绮门，亦曰青门。门外旧出好瓜⑤。昔广陵人邵平，秦东陵侯。秦破，为布衣，种瓜此门⑥。瓜美，故世谓之东陵瓜。是以阮籍《咏怀诗》曰："昔闻东陵瓜，近在青门外。连畛拒阡陌，子母相钩带。"指谓此门也。

南出东头第一门，本名覆盎门。王莽更名永青门长茂亭⑦。其南有下杜城。应劭曰："故杜陵之下聚落也。"故曰

---

① 按："东"字据殿本（《四部丛刊初编》影印清乾隆《武英殿聚珍版书》本）、赵一清《水经注释》本增。
② 按："秦离宫"原作"奉离宫"，据明嘉靖黄省曾刻本改。
③ 按："逢萌"，《后汉书》卷八三《逸民列传》（页2759）及明嘉靖黄省曾刻本等作"逢萌"。又"挂冠"原作"桂冠"，据《永乐大典》本、明嘉靖黄省曾刻本改。
④ 按："无疆亭"原作"无强亭"，据《太平御览》卷一八二《居处部·门》（页887）引《水经注》改。
⑤ 按："旧出好瓜"原作"旧山好瓜"，据明嘉靖黄省曾刻本改。
⑥ 按："此门"原作"北门"，据明嘉靖黄省曾刻本改。
⑦ 按："永青门"，《太平御览》卷一八二《居处部·门》（页887）引《水经注》作"永春门"。

下杜门。又曰端门。北对长乐宫。

第二门本名安门，亦曰鼎路门。王莽更曰光礼门显乐亭①。即【按：此下有阙文】

〔第三门〕本名平门。王莽更名信平门诚正亭②。〔亦曰〕西安门，北对未央宫。

西出南头第一门本名章门。王莽更名万秋门亿年亭。亦曰故光华门也③。又曰便门。

第二门本名直门④。王莽更名直道门端路亭。故龙楼门也。张晏曰："门楼有铜龙。"《三辅黄图》曰："长安西出第二门即此门也。"

第三门本名【按：此下有阙文】⑤。〔又曰〕西城门。亦曰雍门。王莽更名章义门著谊亭。其外北有函里，民名曰函里门。

北出西头第一门本名横门。王莽更名朔都门左幽亭⑥。又曰光门。亦曰突门。如淳曰："横音光。"故曰光门。其外

① 按：殿本在"光礼门显乐亭"下增有"北对武库"四字，未知所据。
② 按："诚正亭"原作"城正亭"，据赵一清《水经注释》本改。
③ 按："故光华门"，原作"故光毕门"，据殿本、赵一清《水经注释》本改。又明嘉靖黄省曾刻本等无"故"字，或是。
④ 按："第二门"原作"第二"，据殿本增。
⑤ 按：唐欧阳询等《艺文类聚》（上海，上海古籍出版社，1982）卷六三《居处部·门》（页1129）引《汉宫殿名》记有一"元成门"，未详所指，不知是否与此西出南头第三门有关，姑书此备考。
⑥ 按："朔都门"，原据《永乐大典》本作"霸都门"，据《太平御览》卷一八二《居处部·门》（页887）引《水经注》改。

郭有都门，有棘门。徐广曰："棘门在渭北。"孟康曰："在长安北，秦时宫门也。"如淳曰："《三辅黄图》曰'棘门在横门外'。"按《汉书》，徐厉军于此，备匈奴。又有通门、亥门也①。

其第二门本名洛门。又曰朝门。王莽更名建子门广世亭。一曰高门。苏林曰："高门，长安城北门也。"〔一曰〕厨门②，其内有长安厨官在东，故城曰厨门也③。如淳曰："今名广门也。"

第三门本名杜门，亦曰利城门。王莽更名进和门临水亭。其外有客舍，故民曰客舍门。

以上文字，或许还有一些细节可以进一步斟酌，但对理解其实质性内容已无大碍。

六　重论长安城的北郭

在这样一一梳理清楚《水经注》对长安城诸门的记述之后，就可以在一个比较可靠的基础之上，重新分析在历史文献的记载中，长安城的北部是否存郭区这一问题。

---

① 按："又有通门、亥门也"，《太平御览》卷一八二《居处部·门》（页887）引《水经注》作"又有通亥门也"。
② 按："一曰"二字据明万历刻朱谋㙔《水经注笺》本、赵一清《水经注释》本增。
③ 按："城曰厨门"，殿本、赵一清《水经注释》本作"名曰厨门"。

在西汉长安城垣的北面，杨宽先生认为存在两处规模较大的市易场所，就设在以横门外侧郭门亦即所谓"都门"为标志的北郭之内。

其中第一处市场，在横门之外、渭河以南"横桥大道"的两侧，这就是西汉当时所谓"西市"。杨宽先生的史料依据，就是前面在讨论"突门"的位置时提到的《庙记》的记载，即谓长安市九所，六市在道西，三市在道东，以致九州之人在突门"夹横桥大道"云云。不过我在上文转引的是《太平寰宇记》引录的《庙记》，杨宽先生则主要依据的是今本《三辅黄图》的引文。与《太平寰宇记》的引文相比，在"夹横桥大道"句下，今本《三辅黄图》多征引有"市楼皆重屋"一句，尤证在横桥大道两侧所设市场之规模相当壮观。此外，杨宽先生还举述说，《太平御览》引述的《宫阙记》也有大致相同的记载，而对《庙记》的记载能够有所补充的是，《宫阙记》尚记云"夹横桥大道南有当市观"。杨宽先生解释说，这里谈到的"市楼""当市观"以及下文将会提及的"旗亭楼"，"都是指主管市区长官的官舍"[1]。

刘庆柱先生不认同杨宽先生这一看法。一方面，他把《太平御览》引《宫阙记》所记"夹横桥大道南有当市观"这句话[2]，

---

[1] 杨宽《西汉长安布局结构的探讨》《西汉长安布局结构的再探讨》，据中国社会科学院考古研究所汉长安城工作队、西安市汉长安城遗址保管所编《长安城遗址研究》，页316—317，页365—367。

[2] 按：《太平御览》卷一九一《居处部·市》（页924）引《宫阙记》文作"夹横桥大道。南又有当市观"，较杨宽所引多一"又"字。

做了如下的解读：

> "当市观"即"市楼"。横桥大道南起横门，北至横桥。
> "横桥大道南"应指"大道"南端的横门以南。那样的话，
> "当市观"即在横门之内的长安城中了。

在刘先生看来，逻辑很简单，"当市观"既然是在长安城中，这个"当市观"所管理的"市"，当然不会设在城外。刘庆柱先生复依据今本《水经注》中舛乱的文字，把"突门"定为雍门的别称，再看《庙记》和《宫阙记》俱载其地有"长安市九所"以致九州之人会聚于此门附近，于是得出结论："'长安市'在雍门附近，即应地处长安城西北部，'长安市'的'市楼'亦应在此。"结合一些考古遗迹，他更具体地说："以'长安市'的'市楼'和雍门大街以北的横门大街为界，其东为东市，其西为西市。"①
为更清楚地说明相关问题，不妨在此重新审视一下《三辅黄图》引述的《庙记》的内容：

> 长安市有九，各方二百六十六步。六市在道西，三市在
> 道东。凡四里为一市。致九州之人在突门，夹横桥大道。市

---

① 刘庆柱《汉长安布局结构辨析——与杨宽先生商榷》，据中国社会科学院考古研究所汉长安城工作队、西安市汉长安城遗址保管所编《长安城遗址研究》，页325—326。

楼皆重屋。①

这里"致九州之人在突门"与"夹横桥大道"这两句话是密不可分的一个整体，即长安九市中的"九州之人"在突门以外的横桥大道两侧从事交易活动。前文已经论证，根据《庙记》这一记载，恰可认定，今本《水经注》雍门"亦曰突门"这句话，本来应属横门项下的内容，亦即"突门"本是横门的别称，故此长安九市即应位于横门之外的横桥大道两侧。只要尊重历史文献的记载，就能得出这样的结论。

与此相应，《宫阙记》所说"夹横桥大道南有当市观"，亦应解作在横桥大道南端靠近横门的地方，道路两侧都设有"当市观"。此无他，盖既然"六市在道西，三市在道东"，道西、道东就都需要设置管理的机构。"横桥大道"自然是指横门北至横桥之间的大道，要是像刘庆柱先生那样，把"横桥大道南"理解为这条大道南端的横门以南，那么，古人何不径云横门之南？这样的理解，是完全不合乎情理的。

这样看来，在这一问题上，杨宽先生坚持与横桥大道相联系的市应位于横门之外的看法，显然更为合理。

不过，杨宽先生回避了对"突门"问题的解释，论证明显不够透彻。另外，杨宽先生又把《庙记》等所记长安九市中"道西"的六市，定在横门以外横桥大道的东西两侧，并谓此即长

---

① 汉魏间佚名撰《三辅黄图》卷二"长安九市"条，页93。

安城的"西市"，同时他又把"道东"的三市，定在北面东头一门杜门外"杜门大道"的东侧，谓即长安城的"东市"[①]，而"道西""道东"的区分，是以杜门外的"杜门大道"为基准，这种看法我却不能赞同。因为《庙记》的记述本来就一清二楚，"道西""道东"只能是就"横桥大道"而言，这本来容不得其他任何解释，古代的学者如宋人程大昌就是这样理解[②]；况且在"横桥大道"与"杜门大道"之间，尚间隔有一条"洛门大道"，古人行文，何至于如此含混不辨？按照正常的逻辑，这是无法想象的事情，还是应该把这九市分别定在横桥大街的东西两侧。

杨宽先生指认的可以证实北郭存在的第二处市场，是在长安城北面东头一门杜门之外，举述的史料依据，是今本《三辅黄图》引述的《庙记》另有记载云：

> 旗亭楼在杜门大道南。[③]

《太平御览》引《宫阙记》亦云：

---

① 杨宽《西汉长安布局结构的探讨》《西汉长安布局结构的再探讨》，据中国社会科学院考古研究所汉长安城工作队、西安市汉长安城遗址保管所编《长安城遗址研究》，页316—317，页365—367。
② 宋程大昌《雍录》卷二"横门"条，页23。
③ 汉魏间佚名撰《三辅黄图》卷二"长安九市"条，页93。

旗亭楼在杜门大道南。又有当市观。^①

　　杨宽先生以为文中旗亭楼和当市观所在的市，就设在杜门北出大道路边。他同时还指出，《水经·渭水注》记云：杜门"其外有客舍，故民曰客舍门"，这也反映出因此门附近设有市肆，门外才成为旅馆集中的地方。^②

　　刘庆柱先生不同意杨宽先生的看法，把杜门指认为南面东头一门覆盎门。这样一来，杜门之外的市肆，也就随之南移到覆盎门外（至于作为让步的说法，刘庆柱先生云：即使把杜门定在北面东头一门，所谓"旗亭楼在杜门大道南"就应该"南"到"杜门大道"南端的终点杜门以南，这恐怕很不合理，"南"不过是指这条大道的南端而已）^③。但覆盎门北对长乐宫，如杨宽先生所云，并非居民经常出入的通道，把市设在这里，谁会来做交易呢？实在匪夷所思。在上一节中我已经考订清楚，所谓"杜门"，指的就是长安城北面东头一门。这样一来，侧临杜门大道的市，就只能是在杜门之外。

　　值得注意的是，杜门别称"利城门"，这个"利"很可能就

① 宋李昉等《太平御览》卷一九一《居处部·市》，页924。
② 杨宽《西汉长安布局结构的探讨》《西汉长安布局结构的再探讨》，据中国社会科学院考古研究所汉长安城工作队、西安市汉长安城遗址保管所编《长安城遗址研究》，页316—317，页365—367。
③ 刘庆柱《汉长安布局结构辨析——与杨宽先生商榷》，据中国社会科学院考古研究所汉长安城工作队、西安市汉长安城遗址保管所编《长安城遗址研究》，页325—326。

是缘自门外市肆交易获利丰厚，也可以从侧面印证把"杜门"定在这里的合理性。

此外，王莽更此门为"进和门临水亭"之名，这和他更改的所有门名以及新朝其他各项新举措一样，系"每有所兴造，必欲依古得经文"[①]。我读书不多，经书尤其生疏，没有花过一点儿功夫，不理解"临水"的涵义是什么以及这两个字如何与"进和"二字相关联。但胡思乱想，想到《周易》开篇之《文言》即有"利者，义之和也"这么一句话[②]，王莽会不会因这座城门之外繁盛的商业活动，从而援据《周易》此语作为典故，把城门的名称改为"进和门临利亭"，而现在我们所看到的"临水"，不过是"临利"的形讹？"和"与"利"是两个同类的抽象名词，两两相对，在形式上也比以"和"与"水"相对要更协调一些。要是这样，就能进一步体现这座城门与门外市肆贸易的密切关系。不过这只是我的猜想，并没有史料依据，姑妄言之而已。"进和""临水"两名究竟出自何典，尚祈博雅君子有以教之。唯一与我这一猜想相关的线索，是程大昌所绘《汉长安城图》，在"杜门"和"利城门"的旁边，附注有"临利"二字[③]。"临利"这个门名，未见于其他文献记载，说不定就是"临水"这一亭名本来的写法。

至于长安城北横门和杜门之外这两处市场与所谓"西市"和

---

① 《汉书》卷二四下《食货志》下，页1179。
② 唐孔颖达等《周易正义》（台北，艺文印书馆，2007，影印清嘉庆二十年南昌府学刊《十三经注疏》本）卷一，页12。
③ 宋程大昌《雍录》卷二"汉长安城图"条，图四。

"东市"的关系，现在还很难确定。不过，一定要谈一点看法的话，我比较倾向前者为西市，后者为东市。

长安的西市，是在汉惠帝六年，继城垣全面筑成之后动工修建的[1]。东市始设时间不详，但晁错在景帝时被腰斩于东市[2]，这是其设置时间的下限。因西市和东市是相对为名，故或者修筑西市时已有东市在先，或者这两市是同时规划，兴建时即已拟订西、东之名。

不管怎样，西市和东市，是有汉一代长安最为重要的两处市场，王莽时诏令"于长安及五都立五均官，更名长安东西市令及洛阳、邯郸、临菑、宛、成都市长皆为五均司市师。东市称京，西市称畿，洛阳称中"[3]，而其正式的称谓应该是"京司市师、畿司市师、中司市师"[4]，尤为突出地反映出这两座市场远超出于其他诸市之上的重要地位。

值得注意的是，透过王莽诏令称东市为"京"、西市为"畿"，显示出东市的地位明显高于西市。假如按照上文的分析，证实杜门外的市确实是设在长安城北面东头一门的外面，同时认定这也就是所谓"东市"的话，这种东重西轻的状况，也就很容易理解了。这是因为我们只要看一下长安城各项设置的平面图就能明白，整个长安城中，除了宫殿、官营手工业作坊和所谓"北

① 《汉书》卷二《惠帝纪》，页91。
② 《汉书》卷四九《晁错传》，页2302。
③ 《汉书》卷二四下《食货志》下，页1179—1180。
④ 《汉书》卷九一《货殖传》，页3694。

阙甲第"这类达官贵戚的宅邸之外，可供普通居民使用的较大片住宅区，就只剩下杜门以里东西两侧这一区域。这样，城里的大多数居民，自然更多地会就近前往杜门外大道两侧的市肆去进行交易。明白这里聚集人众较多，也就很容易理解，为什么西汉一朝见于《汉书》记载的刑人于市的执法活动，都是发生在东市[1]，并不只是在这里斩杀晁错一人而已。

若是把东市和西市分别指认为杜门大道和横桥大道两侧的市肆，还有一个问题需要稍加说明。这就是戾太子起兵反叛汉武帝的时候，曾"驱四市人凡数万众"以与丞相刘屈牦率领的朝廷军队作战，合战五日，兵败始出逃城外。[2] 故或许有人会有疑问：东、西两市要是在城外的郭区，戾太子何以如此轻易地通过城门的禁卫将两市中人驱赶入城？

关于这个问题，在《汉书》的记载中，相关事项的前后时间顺序并不十分清楚，需要仔细分析。我认为，在戾太子起兵之初，包括丞相刘屈牦、北军使者任安在内的很多朝廷官员，态度都很含糊。故当戾太子在诛杀江充之后"发兵入丞相府"时，刘屈牦竟丢下印绶，"挺身"而逃；任安则坐而观望，既接受太子令其发兵的节，同时又"闭军门不肯应太子"。因而，负责城门禁卫的兵卒，起初并没有闭锁城门以抗拒太子的叛军，戾太子也

---

① 《汉书》卷六六《刘屈牦传》，页 2883；卷六七《云敞传》，页 2927；卷七一《隽不疑传》，页 3036。
② 《汉书》卷六六《刘屈牦传》，页 2881。

得以"使长安囚如侯持节发长水及宣曲胡骑",亦即出城调动军队。正是在这种情况下,汉武帝才在严厉督促刘屈牦统军镇压的同时,复令其"坚闭城门,毋令反者得出"[1]。所以,戾太子驱赶四市之人从其作战,应该发生在刘屈牦指使人"坚闭城门"之前,城北郭区的市人入城并不存在什么障碍。

西市的地位虽然稍逊于东市,但仍是长安城中地位重要的大市。这是因为在整个长安城,仅官方正式设有长、丞的市就有四处[2],戾太子所"驱四市人",应当就是这四处市易场所,东市和西市不过是其中的两个,而横桥大道两侧所谓"九市",应该是在同一个市内划分的九个不同的区域。

总之,只要我们能够充分尊重历史文献的记载,那么,汉长安城存在北郭和东郭这两片郭区,是无可置疑的。至于雍门之外靠北侧的"函里",似乎也应属长安城郭区的范围,不过这里更像是北郭区域向西南一侧的外溢,而不应该是在西面还另有一片独立成规模的郭区。

* * * * *

如上所述,在如何看待汉长安城平面布局形态的问题上,存在着以杨宽先生和刘庆柱先生分别代表的两派观点。南昌海昏侯墓园结构的完整揭示,给我们以重要的启示,启示我们去认真审视西汉长安城的平面布局形态,思考杨宽先生旧说的合理性。

---

[1] 《汉书》卷六六《刘屈牦传》,页 2880—2881。
[2] 《汉书》卷一九上《百官公卿表》上,页 736。

杨宽和刘庆柱两位先生的研究，都很有深度，各有各的贡献，但我认为，相对于刘庆柱先生对汉长安城具体建置遗址的透彻了解，杨宽先生论证这一问题的视野要更为开阔。我在前面的第四节中已经谈到，在横向的空间方面和纵向的时间方面，杨宽先生都更能通贯地审视这一问题。

横向的对比，我在上文已经做了较多论述，最后再对杨宽先生揭示的纵向贯通的脉络，做一简单说明。

所谓纵向的时间方面，是指追溯西汉长安城平面布局形态的历史渊源，在动态的发展脉络中把握其本质性的特征。如上所述，西汉长安核心宫区未央宫以及城垣以内整个内城性质城区俱偏处于西南方位，而未央宫以外的其他内城区域以及外郭区域均处于或东或北的方向。如果我们姑且把它概括为"西南—东北"模式的话，那么，事实上杨宽先生正是通过总结春秋战国乃至西周时期以来主要国都（含天子之都与各诸侯的都城）的众多实例，才敏锐地注意到这一"西南—东北"模式起源甚早，虽然具体的情况比较复杂，不一定所有的都邑在这一点上都规整如一，颇有一些不同的情况，但至少可以说，这种"西南—东北"模式不一定完全出自汉家独创，或许也具有一定历史渊源。

具体的细节，大家可以直接去看杨宽先生的论著，我不在这里赘述。不过秦都咸阳的情况，稍微有些特殊，下面再简单做一点说明。

在前面的第二节中，我已经说明，按照我的推测，这种以西南为尊位的做法，体现的是一种人君礼敬天廷的观念，然而《艺文类聚》等书引古本《三辅黄图》，有句云："秦始皇兼天下，都咸阳，因北陵营殿，端门四达，以则紫宫；渭水贯都，以象天汉；横桥南渡，以法牵牛。"[1] 所谓紫宫，是以天极星亦即北极星为中心的一组星辰[2]，因而这很容易给人以一种秦始皇自比上天的感觉，并不存在我所讲的"敬天"这一理念。

但我理解这是相对于其臣民所体现的一种姿态，盖皇帝身为天子，代表着上天的意志，自有资格令臣民敬之如天，汉长安城之所谓"斗城"一说，同样体现着这一方面的观念。但具体到天子与上天的关系，在咸阳城的总体规划上，仍然强烈体现着上述敬天的理念，即将皇宫配置在都城的西南隅，以示东致敬于日轮，北致敬于极星。很多人只注意秦始皇"因北陵营殿"，但所谓"紫宫"指的是"端门四达"的咸阳城，咸阳城在通过"横桥南渡"以后兴修的阿房宫，才是嬴政准备用于君临函谷关内外普天之下土地的"朝宫"[3]，而这座"朝宫"正位于跨渭水南北之咸阳城的西南方位，这不仅与未央宫在长安城中所处的方位相同，若与汉武帝太初元年（前104）在未央宫西墙外侧修建的建章宫相比[4]，做法和方位更加一致。

① 唐欧阳询等《艺文类聚》卷九《水部·桥》，页182。按：文中"因北陵营殿"句，据唐徐坚《初学记》卷六《地部·渭水》（页135）引文补。
② 《史记》卷二七《天官书》，页1539。
③ 《史记》卷六《秦始皇本纪》，页326—327。
④ 《汉书》卷六《武帝纪》，页199。汉魏间佚名撰《三辅黄图》卷二"建章宫"条，页122—132。

至于西汉以后相关观念的发展变化，几年前我曾以"从敬天到效天——浅谈隋唐长安城布局的新理念"为题公开演讲，简单地讲述过我的初步看法，但日后得便还会做出更为深入具体的论述。

2017年2月16日草稿
2017年3月24日晚讲演于北京师范大学图书馆

由刘充国印的发现再谈海昏侯墓园布局的
方位观念

    2018 年 1 月 26 日，新华网报道，在 2017 年江西考古汇报会上，相关学者报告了海昏侯墓考古发掘的新进展，宣布在室内清理过程中，发现了镌有"刘充国印"字样的铜印。这方印章是出土于海昏侯刘贺墓园中的 5 号墓（M5）。据此，自可明了，这 5 号墓的主人，乃是刘贺的长子刘充国。

    这一发现，对于我们认识西汉列侯墓园的结构及其平面布局形态，进而认识西汉都城长安的平面布局形态，都具有重要意义。

图 38　海昏侯墓园 5 号墓出土的
"刘充国印"印章
（据新华网图片）

2017 年 3 月 24 日晚上，我曾应邀在北京师范大学图书馆讲演"海昏侯墓园与西汉长安城平面布局形态"这一问题，主要是通过对比海昏侯墓园与长安城的平面布局特征，揭示当时人的建筑布局观念是以西南为尊位。这是中国古代都城史和古代方位观念研究中的一个大问题。

在那次讲演的第二部分内容"海昏侯墓园"中我讲道：

> 墓园中的 M1，亦即第一代海昏侯刘贺的墓室，位于墓园西南隅内，这与未央宫在长安城中的位置，是完全一致的。进一步看，也与西汉长安城城垣之内的区域在包括郭区在内的整个大长安城中所处的方位是完全一致的。
>
> 同时，需要明确的是，相对于海昏侯一世刘贺的墓室，墓园中其他祔葬的墓室，显然居于从属的地位。这种空间配置形式，一定是按照某种通行的观念，预先设定，而不会是随意衍生的结果。

随之推测：

> 值得注意的是，刘贺的两个儿子刘充国和刘奉亲，紧随其后，相继丧生，故父子三人，或有可能同时安葬于这一墓园。在接下来的考古发掘中若是能够证明父子三人同葬于此，就可以更加清楚地证明墓园西南的位置是整个墓园的核心区域。

现在，这方"刘充国印"印章的发现，清楚地证实了上述判断，我当然非常高兴，也非常感谢考古工作者的辛勤努力。

自己的判断虽然是正确的，但对相关问题的认识还不是十分清楚；或者更准确地说，是相当模糊。因此，现在想对这一问题做一些补充说明。

另外，去年我在讲演这一问题时，由于准备的时间有限，有一个重大遗漏，即没有对比西汉同一时期、同属列侯的张安世墓园的结构，现在也借这个机会加以补充，以期更清楚地说明相关问题。

一 海昏侯墓园与袝葬者的身份

发现"刘充国印"的 5 号墓，位于海昏侯刘贺墓园的北部偏西，却是在墓园主墓 1 号墓（M1）亦即刘贺墓的正北方，稍西则北对墓园北门。

确认这座 5 号墓系刘充国的墓室，就证实了此前我所做的推测——紧随刘贺相继离世的刘充国以及他的弟弟刘奉亲系与乃父同时安葬于海昏侯墓园的。既然如此，那么，现在我们看到的海昏侯刘贺墓园的平面布局形态，应该是遵循一定的观念预先规划的，而不会是后来自然生成的。

在没有发现这方刘充国的印章之前，刘充国和他的弟弟刘奉亲是否袝葬于刘贺的墓园，还有些不易捉摸。

实际发生的情况比较复杂。2015 年 11 月 12 日，在《江西

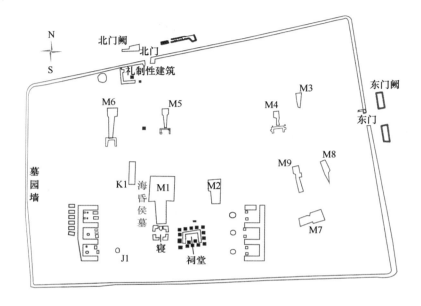

图 39　海昏侯墓园平面示意图 [①]

日报》上，我们看到一篇记者郁鑫鹏撰写的报道，题为《祔葬墓
有丽影？》。这篇报道指出："关于（海昏侯墓园）其他 6 座祔葬
墓墓主人的身份有不同的声音。有的说，埋葬的是海昏侯的妾
室，有的说是海昏侯的后代子孙。南昌西汉海昏侯墓考古领队杨
军的观点属于前者。"具体地讲，杨军先生认为："如果说祔葬墓
的主人是后代的海昏侯，那么，几代海昏侯都葬在一个墓园内，
就不符合皇帝、王侯生前就各自造好陵园、墓园这个常理。而

① 江西省文物考古研究所、首都博物馆编《五色炫曜》（南昌，江西人民出版社，
　2016），页 5。

且，考古人员调查表明，在西汉海昏侯墓园附近，发现了3处大型的汉墓群，其他几代海昏侯的墓园很可能分别位于其中。"

所谓"其他几代海昏侯"这句话，语义不够明晰。因为刘充国和他的弟弟刘奉亲虽然先后被豫章太守向朝廷申报为海昏侯爵位的继承人，但都没有来得及继位成为新一代列侯就匆匆离开了人世。把他们两人算作一代海昏侯，是颇有些勉强的。不过据2017年6月我在海昏侯墓地看到的情况，海昏侯墓的发掘者实际上是推测刘充国和刘奉亲两人也都被另外设置了一座他们自己的墓园，这两个人也都被他们算成了"一代"海昏侯。事实上，国家文物局海昏侯墓考古专家组副组长张仲立先生，可以说大致也是这样认识这一问题的。①

考古是一项通过找寻实际证据不断发现史实并逐渐修正认识的工作。在这一工作展开的过程中，预先作出的设想与实际情况存在某种程度的偏差，是很正常的事情。去年我在北京师范大学做过讲演之后不久，杨军先生与我取得联系，我便把自己的讲稿发给他征求意见。杨军先生很重视我的想法。同年6月，我在海昏侯墓的考古工地上见到他的时候，杨先生指着5号、6号两座墓葬的遗址对我说，他非常重视我的想法，正积极考虑这两座墓的主人很有可能就是刘充国和刘奉亲兄弟。

现在，海昏侯墓考古工作的新进展，一方面，彻底澄清了刘充国、刘奉亲兄弟的身份依然是平民，死后并没有享受列侯的待

---

① 张仲立《富平侯张安世与海昏侯刘贺》，刊《中国文物报》2017年5月5日第7版。

遇；另一方面，也带给我们一个契机，可以更清楚了解西汉时期的祔葬制度。

前此我虽然推测刘充国和刘奉亲兄弟或即祔葬于刘贺的墓园，但对西汉时期的祔葬制度并不十分清楚。只是感觉子随父葬，似属常理；又粗粗阅览考古学者对汉代帝陵祔葬、陪葬情况的归纳总结，感觉像他们两人这种情况，祔葬于乃父墓园的可能性应该很大。

那么，所谓考古学者总结的情况又是什么呢？老实说，就我看到的论著而言，考古学界现有的研究还很不充分，对一些基本问题并没有给出十分清晰的答案。

这里的问题，首先是按照西汉时期的祔葬制度，儿子是不是都应该祔葬于列侯的墓园？关于这一点，没有明确的文献记载。考古发掘也缺乏清楚的事例。不过，焦南峰先生对西汉一些帝陵祔葬墓墓主的身份做过考察，可以为我们提供有益的参考：

> 汉武帝茂陵、汉元帝渭陵、汉哀帝义陵陵园内新发现的墓葬与西汉诸陵陵园外发现的陪葬墓不同，前者比后者有与皇帝更为密切的关系，前者应是除分封的皇子、出嫁的公主、五官以下夫人之外的皇帝眷属，后者则包括开国元勋、鼎柱之臣、皇亲国戚及五官以下的皇帝夫人。[①]

_____

① 焦南峰《西汉帝陵"夫人"葬制初探》，刊《考古》2014 年第 1 期，页 81。

所谓"陵园内新发现的墓葬",即皇帝陵园之内的新近发现的祔葬墓。

既然是说在祔葬者中排除了"分封的皇子",那么,由此逆推,那些还未尝受封的普通皇子也就一定是在祔葬人员之列。依此模拟,列侯之子因再无分土别封的可能,若没有什么特殊情况,一般来说,都应该祔葬于其父的墓园。如按刘庆柱先生在《西汉十一陵》一书中所述,祔葬墓的性质就是"子孙从其父祖所葬","实际是'族坟墓'的一种形式",祔葬者"是作为'家'的成员葬于父祖的墓地"。[①] 这一点应当是汉代列侯陵园的定例,也可以说是一种通例。明确这一通例,对今后西汉以及其他时期类似陵园、墓葬的发掘和研究工作,应当有所帮助。

假如拙说不谬的话,这一认识本身也十分简单。可是若没有海昏侯刘贺墓园的完整勘察和揭示,没有这方"刘充国印"的发现,就无法这么清楚地认定这一点。因此,这也可以说是海昏侯墓发掘带给我们的一项重要收获。

二　张安世墓园与刘贺墓园

"刘充国印"的发现,表明刘充国、刘奉亲兄弟系与乃父刘贺一同下葬,从而更加明确地证明,现在我们看到的海昏侯刘贺

---

① 刘庆柱、李毓芳《西汉十一陵》(西安,陕西人民出版社,1987)下篇第七章第五节《合葬与附葬》,页 220—221。

的墓园，其总体布局形式，是一次性规划完成的。

在《海昏侯墓园与西汉长安城平面布局形态》这篇讲演稿中，我之所以要透过海昏侯墓园来看西汉长安城的平面布局形态，是因为这座墓园的结构形式非常清晰，便于对比其主要构成要素，而只有在现在彻底排除自然衍生这一因素的情况下，我们才能毫无疑虑地认定海昏侯墓园与西汉长安城在规划时共同遵循的方位观念——以西南部为尊位。

当初在分析这一问题时，我按照相关考古学家的说法，以为海昏侯墓园的完整性在目前已知的西汉列侯墓园中是唯一的。因此，为验证其空间布局观念的普遍性意义，同时还考察了西汉帝后和诸侯王陵园的平面布局形态。最后，我们可以看到，从皇帝、诸侯王，到像刘贺这样的列侯，一以贯之，其陵墓园地，确实都同样存在着以西南为尊的方位观念。

不过，由于我的疏忽，对相关情况的了解不够充分，以致没有能够利用张安世墓园的数据。现在利用这个机会，做一补充。

张安世受封富平侯，与刘贺同为列侯；卒于汉宣帝元康四年（前62）①，仅比刘贺早死三年，下葬时间应当也很接近。因此，两人的墓园形式，具有非常近密的可比性。

从2008年起，陕西省考古研究院就开始了张安世墓地的发掘工作。涉及墓园总体状况的介绍，见于2014年第12期《大众考古》上发表的丁岩、张仲立等人《西汉一代重臣张安世家族墓

---

① 《汉书》（北京，中华书局，1962）卷五九《张安世传》，页2647—2653。

图 40　张安世墓出土"张"字印章
（取自张仲立《富平侯张安
世与海昏侯刘贺》一文）

考古揽胜》一文，但此文在某些关键问题上语焉不详，表述得不
够十分清晰，不易很好地把握作者的想法。

　　其后，2017 年 5 月 5 日，在我于北京师范大学发表讲演一
个多月之后，张仲立先生于《中国文物报》上又发表《富平侯张
安世与海昏侯刘贺》一文，多方面对比了张安世、刘贺两处汉墓
的情况，其中也包括两座墓园的比较。

　　张仲立先生既主持张安世墓的发掘工作，又兼任国家文物局
海昏侯墓考古专家组副组长，熟悉两方面的情况，所做对比，自
然具体而微。审看他的对比分析，使我们能够更加明确地理解他
在某些关键问题上的见解。所以，现在可以在这一基础上，再分
析一下这两座墓园在平面布局形态上到底具有哪些内在的共同
特征。

　　在下页图 41 这幅"富平侯墓园平面示意图"上，M8 即 8 号
墓是富平侯张安世本人的墓室，M25 即 25 号墓则为其夫人的墓冢。

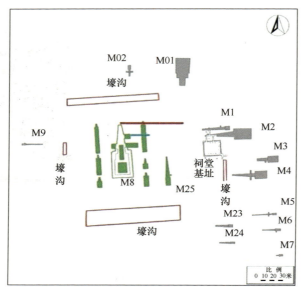

图 41　富平侯墓园平面示意图 [①]

其他那<u>些墓</u>冢，张仲立先生认为都是祔葬墓。这样的认识，应该说没有什么问题，符合相关文物透露的信息，也符合历史文献的记载。

在此基础上，张仲立先生在对比富平侯墓园与海昏侯墓园时，是把富平侯的墓园，界定为 M8、M25 两墓东、南、西、北四周那四段不相连属的壕沟所圈围的范围。张仲立先生称这四段壕沟为"兆沟"。

这样一来，在构成形式上，以这四条兆沟为界线的富平侯墓园，便同由四周缭垣所界定的海昏侯墓园呈现出很大的不同。按

① 张仲立《富平侯张安世与海昏侯刘贺》，刊《中国文物报》2017 年 5 月 5 日第 7 版。

照张仲立先生的总结，简单地说，富平侯墓园是：

> 平面略呈长方形，东西长约 195 米，南北宽约 159 米，面积 3 多万平方米，由主墓及其从葬坑、夫人墓、高规格祠堂建筑（基址）等核心内容构成。……祠堂建筑，位于墓园东部……墓园四周以兆沟为界。

而海昏侯墓园的情况则是：

> 该墓园是以刘贺夫妇的 2 座大墓为中心，附设车马坑 1 座、祠堂、寝、便殿、厢房、祔葬墓 7 座，以及道路、排水系统等。墓园平面呈梯形，以园墙为界，设两门，门外有阙，墓园面积达 4.6 万平方米。①

一个有兆沟做地域的标志，一个有围墙做园区的界线，看起来似乎两相对应，合情合理，可若稍加思索，就会发现，这种对应关系过于表象，并没有体现其内在实质。

实质性的问题很简单，也是显而易见的，这就是：这两座列侯墓都带有一群祔葬墓，而这些祔葬墓乃是整个墓园的重要构成部分——这就像在研究西汉帝后陵园的平面布局形态时必须把祔

---

① 张仲立《富平侯张安世与海昏侯刘贺》，刊《中国文物报》2017 年 5 月 5 日第 7 版。

图 42　云梦睡虎地汉墓出土《葬律》

葬区和陪葬区一并加以考虑一样，不能不考虑其具体内涵而只看区域空间的间隔形式。

　　实际上西汉前期制定的《葬律》，本来规定列侯（彻侯）的墓园，应是由内园、外园两大部分构成的"重园"，并且这两重园地分别设有围垣相环绕。[①] 我理解，这就是在主墓及其配偶墓室周围的内垣之外再缭以外垣（《葬律》中称作"中垣"），以护持袝葬区域。这一点，实质上和西汉帝后在自己的小陵园区外另筑一道外垣把袝葬区圈围在内的做法是完全一致的。这一《葬律》在有汉一代具体施行的情况，可能比较复杂，不同的时期，或许也有过

---

① 湖北省文物考古研究所、云梦县博物馆《湖北云梦睡虎地 M77 发掘简报》，刊《江汉考古》2008 年第 4 期，页 31—37，彩版一五。彭浩《读云梦睡虎地 M77 汉简〈葬律〉》，刊《江汉考古》2009 年第 4 期，页 130—134。

图 43　张安世墓从葬坑出土的陶俑
　　（取自丁岩、张仲立、朱艳玲《西汉一代重臣张安世
　　家族墓考古揽胜》一文）

变动，需要将来结合很多实例进行深入的探讨。不过，目前若仅就海昏侯和富平侯这两座墓园的情况来看，在海昏侯刘贺的墓园中是仅有外垣而没有见到内垣，而到目前为止，在富平侯墓园还没有发现外垣。

　　假如妄自对这种情况加以推测的话，我以为很有可能是迄至西汉中期列侯墓园的内垣已被废除，因此海昏侯的墓园就没有内垣，而富平侯的墓园，应属一种变通的安排，即在省去墓园外垣的情况下，在主墓周围以兆沟的形式来大致表示内垣的意思。如"富平侯墓园平面示意图"所见，这东、南、西、北的四道兆沟实际上都只挖了一小段，相互之间并未连属为一体，起到的只能是象征的作用。之所以会做出这样的变通安排，应与其帝陵陪葬墓的性质具有直接关系。盖张安世因协助宣帝清除霍氏家族的势力而功高位重，故汉宣帝对他的安葬，赐给了很多特别的恩典，其中就包括"赐茔杜东，将作穿复土，起冢祠堂"①。

我推测富平侯墓园没有发现外垣很可能与其陪葬汉宣帝杜陵的性质有关，这是因为在西汉皇帝的陪葬墓中，目前我们还没有见到筑有外垣的报道（据云有的是以壕沟"兆沟"来区分不同的陪葬墓区，如景帝阳陵②），这或许是当时的通行做法。若确实是刻意做出这样的安排，其目的则应是表明张安世墓的陪葬性质以彰显帝陵的中心地位（如图44所见，景帝阳陵墓园北面的陪葬墓M1，也同张安世墓一样，在冢墓四周有兆沟环绕）。在略去墓园外垣之后，则只能如"富平侯墓园平面示意图"所见，通过把祔葬墓的墓道都设置为朝向张安世墓的方向来体现其从属的主墓。

尽管这些只是我这个外行素人所做的无端猜想，与实际情况可能会有很大偏差，还有待考古学者做出更多的勘察、发掘与研

---

① 《汉书》卷五九《张安世传》，页2653。
② 陕西省考古研究所阳陵考古队《汉景帝阳陵考古新发现（1996年—1998年）》，刊《文博》1999年第6期，页3—11。

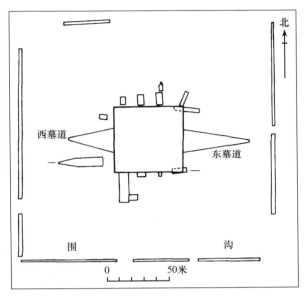

图 44　汉景帝阳陵墓园北侧陪葬墓 M1 平面示意图 [1]

究。但不管怎样，西汉列侯的墓园，其总体构成，是一定要将其
袝葬墓包括在内的。这样一来，我们连同袝葬区域在内通观富平
侯墓园的结构，就可以看到与海昏侯墓园非常相近的平面布局形
式——二者都是把主墓安置在墓园的西南，而在墓园的北部和东
部，为袝葬区域。

　　这两座墓园看似稍有出入的，只是在富平侯墓兆沟的西部偏
北，还有一处墓葬，而在海昏侯墓园中，在主墓刘贺墓的西部，
是没有其他坟墓的。这座墓目前也被张仲立先生定为张安世墓的

---

① 焦南峰《试论西汉帝陵的建设理念》，刊《考古》2007 年第 11 期，页 78—86。

袝葬墓，但是否属实，还可以进一步考察。即便此墓确属主墓张安世墓的袝葬墓，估计也一定是有特殊的原因，并不影响富平侯墓园的总体布局形式。

综上所述，结合富平侯张安世的墓园，可以进一步认定海昏侯墓园的布局形式与西汉长安城平面布局之间的对应关系，为我们认识西汉时期的空间观念提供重大帮助。

最后附带说明一下，窃以为在一般情况下，一座列侯墓园之内，似乎不应当安葬两位以上的列侯。盖依照西汉的《葬律》，双重墙垣之制的墓园，使得内垣里外两个区域的尊卑主从地位区隔明显，同为列侯，不能因其辈分较低即被等同于普通袝葬人员下葬。否则的话，便无法体现与家族以外各个列侯的平等地位。结合前面的论述，可以大致推测，列侯的后世子孙，若是同有列侯爵位，就应当另立墓园，不再袝葬于先人墓园之内。依照这样的推论，张仲立先生以为富平侯墓园中的 M4 "可能是该家族某一代列侯的墓葬"的说法[1]，或许可以再加斟酌。考虑到张安世陪葬杜陵，只是皇帝特别的恩赐，而其子延寿即已改封平原[2]，一代代后世侯爵另辟墓园以别自安葬的可能性也就更大了。

2018 年 1 月 29 日晚记

---

[1] 丁岩、张仲立、朱艳玲《西汉一代重臣张安世家族墓考古揽胜》，刊《大众考古》2014 年第 12 期，页 41。

[2] 《汉书》卷五九《张安世传》，页 2653—2654。

海昏侯刘贺的墓室里为什么会有《齐论·知道》以及这一《齐论》写本的文献学价值

主持海昏侯墓发掘的考古工作者，在《考古》2016年第7期撰文报告说，墓内出土的竹简，其中有一部分很可能是失传已久的《齐论·知道》，同时还刊发了包括篇题"智道"（知、智通）在内两支简的照片①。很多人为这一新发现的新材料，兴奋不已。我们究竟应该以怎样一种心态来合理地看待这一发现？对此，我已在《怎样认识海昏侯墓出疑似〈齐论·知道〉简的学术价值》这篇读书笔记中谈了自己的看法。在这里，再来谈谈对刘贺墓中为什么会有这篇简文的认识，以及除此《知道》篇以外，海昏侯墓中可能同时存在的《齐论》其他篇章的文献学价值。

但凡学过一些中国古代历史常识的人，都听到过后世所传汉武帝依从董仲舒的建言而"罢黜百家，独尊儒术"的说法，从而

① 江西省文物考古研究所、南昌市博物馆、南昌市新建区博物馆《南昌市西汉海昏侯墓》，刊《考古》2016年第7期，页45—62。

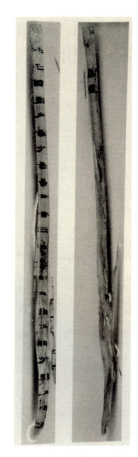

图45　海昏侯墓出土《齐论·知道》简

误以为在此之后，便是家弦《诗经》、户诵《尚书》，一派热气腾腾的儒学景象。实际上儒家思想对社会的普遍影响，是一个逐渐扩展的过程。汉文帝时，首开端倪，武帝虽继此有较大幅度的发展，在形式上，确实是"卓然罢黜百家"而"表章六经"[1]，但至元、成二帝时期，儒家的治国理念始对一朝大政方针起到主导作用。武帝至宣帝时期的汉家朝廷乃"自有制度"，即"以霸王道杂之"，绝非"纯任德政"[2]。至于儒家经典和思想的融通以及全面的制度性建设与社会教化，逮东汉时期，才日臻完善，并且为后世所继承。

尽管如此，汉武帝时期对儒家思想的阐扬，确实"焕焉可述"[3]。除了在官学中的尊宠之外，在皇室成员的教育方面，也很显著。具体就刘贺的情况而言，在他做昌邑王的时候，其师王式，便是传授《鲁诗》的名家，曾"以《诗》三百五篇朝

---

① 《汉书》（北京，中华书局，1962）卷六《武帝纪》，页212。
② 《汉书》卷九《元帝纪》，页277。
③ 《汉书》卷六《武帝纪》，页212。

夕授王"，特别是"至于忠臣孝子之篇，未尝不为王反复诵之也"①，而昌邑王刘贺自亦能"诵《诗》三百五篇"，昌邑国郎中令龚遂也数番引《诗》相谏，国中臣子甚至对他称谓《诗经》为"陛下之《诗》"②。较此更早，其父老昌邑王刘髆，初时系以少子为汉武帝所爱，故甫一受封，汉武帝就指令"通'五经'"的夏侯始昌来做他的"太傅"③。南昌海昏侯墓出土的包括《礼记》《孝经》在内的多种儒家典籍④，与《汉书》这些记载相参照，反映出汉武帝以后，在皇家子弟的培养过程中，儒家的著述已经成为教授的核心内容，而元、成二帝以后汉廷治国理念的转变，正是以此为重要基础；同时，这也是海昏侯墓中出土《齐论·知道》的社会文化背景。

那么，是不是能像现在一些人那样，仅仅依据海昏侯墓中出土的这些儒家典籍，来否定《汉书》对刘贺其人"清狂不惠""动作亡节"之类的记载⑤，证明他知书达理、循规蹈矩，从而是一位全然符合儒家理想的正人君子呢？我们若是看一看时下那些毕业于中央党校而最终被关进秦城的党政高官，再看一看我们学术界那些满口独立之精神、自由之意志的高论而在实际生活

① 《汉书》卷八八《儒林传·王式》，页3610—3611。
② 《汉书》卷六三《武五子传·昌邑王髆附子贺》，页2766。
③ 《汉书》卷七五《夏侯始昌传》，页3154。
④ 江西省文物考古研究所、南昌市博物馆、南昌市新建区博物馆《南昌市西汉海昏侯墓》，刊《考古》2016年第7期，页61。
⑤ 《汉书》卷六三《武五子传·昌邑王髆附子贺》，页2768；又卷七二《王吉传》，页3058。

中唯校长大人之命是从的"清流"教授们，就会明白这样的想法有多么幼稚。

盖刘贺性本"不好书术而乐逸游"①，这些仁义道德的教化，只是在他的消化道里空走了一趟而已，他并没有从中汲取营养，使之融入血液。前面提到的"以《诗》三百五篇朝夕授王"的昌邑王师王式，其实正是屡屡"以三百五篇"切谏主子，但刘贺的行为，并没有因此而发生改变。②又昌邑王国的中尉王吉，是一位修身谨严的贤人君子，同样引据《诗经》以谏阻刘贺的驱驰游猎行为，但这位公子哥儿"复放从（纵）自若"③。如前所述，海昏侯墓中尚出土有儒家经典《孝经》，而就在后来被专擅朝政的权臣霍光废黜的时候，刘贺还脱口而出念诵了其中的一个文句，说什么"闻天子有争臣七人，虽无道不失天下"④，但刘贺引述这句话，并不能证明其修养高深，神智清明，清人朱一新反而剖析说："观昌邑临废两言，犹非昏悖，特童骏不解事耳。"⑤这一点，恰恰是对刘贺其人"清狂不惠"的神智状态和"动作亡节"的行为特征最好的证明。

《诗经》《孝经》的功用既然如此，孔夫子的《论语》也就同

---

① 《汉书》卷七二《王吉传》，页3059。

② 《汉书》卷八八《儒林传·王式》，页3610。

③ 《汉书》卷七二《王吉传》，页3058—3061。

④ 《汉书》卷六八《霍光传》，页2946。

⑤ 清朱一新《汉书管见》（长沙，岳麓书社，1994，《二十五史三编》本）卷四，页434。

样无法在刘贺的身上产生什么意想不到的奇效。前面提到的昌邑国中尉王吉，除了一般性地"兼通'五经'，能为驺氏《春秋》"，以及"好梁丘贺说《易》"之外，在对儒家学说的传承与弘布阐扬方面，还特别"以《诗》《论语》教授"①。如此一来，在他的主子刘贺的墓室中发现《论语》，就是再自然不过的事情了。无奈刘贺其人实在是"朽木不可雕"也，王吉等人苦心教导的结果，上面已经谈到，亦即这位藩王依然"放从（纵）自若"，"终不改节"，直到登上天子的大位，也没有发生丝毫改变，甚至都没有装模作样地掩饰一下②。或许令王吉稍可宽慰、同时也哭笑不得的是，刘贺"虽不遵道，然犹知敬礼吉"，曾专门派遣使者给他送了一大堆酒肉，算是领受了他这一片书生气十足的忠心③。

不过，现在我们仍然可以看到王吉当年向昌邑王刘贺"教授"的《论语》，海昏侯墓中发现的《齐论·知道》，就应该是其中的一部分篇章。因而也可以说这一发现是自然而然的事情。原因很简单，王吉是西汉传授《齐论》最重要的学者，他学的、讲的都是《齐论》，自然会向昌邑国王刘贺讲授。在昭帝去世之后，霍光派人迎立刘贺为帝的时候，王吉审度时事，剀切劝告他对霍光要"事之敬之，政事壹听之"，自己唯"垂拱南面"做个傀儡

---

① 《汉书》卷七二《王吉传》，页3066。
② 《汉书》卷六三《武五子传·昌邑王髆附子贺》，页2765—2766；又卷六八《霍光传》，页2940—2944。
③ 《汉书》卷七二《王吉传》，页3061。

皇帝而已，其间就借用了《论语·阳货》的文句①。

《汉书·艺文志》记载：

> 传《齐论》者，昌邑中尉王吉、少府宋畸、御史大夫贡
> 禹、尚书令五鹿充宗、胶东庸生，唯王阳名家。②

前文提到"王吉"，后面却没头没脑地来了一句"唯王阳名家"，相互观照，王阳只能是指王吉。故唐人颜师古释云："王吉字子阳，故谓之王阳。"③王吉字子阳，见于本传，而且其少时尝因学问而客居长安，所居里中即有谣谚以"王阳"相称④，颜师古的解释，固然不误。但为什么王吉字"子阳"被单称一个"阳"字？盖古人两字之名或单称其中一字⑤，对"字"的称谓，也有同样的通例。如吕后时有张释，字子卿，然而《史记·荆燕世家》每每单称"张卿"，省略"子"字⑥，与王吉字"子阳"而单称一"阳"字的情况完全一样。因知这是一时通行的用法。

---

① 《汉书》卷七二《王吉传》并唐颜师古注，页3061—3062。
② 《汉书》卷三〇《艺文志》，页1717。
③ 《汉书》卷三〇《艺文志》唐颜师古注，页1718。
④ 《汉书》卷七二《王吉传》，页3058，页3066。
⑤ 清翟灏《四书考异》（南京，凤凰出版社，2005，影印《皇清经解》本）卷二五，页3838。
⑥ 《史记》（北京，中华书局，2014）卷五一《荆燕世家》并刘宋裴骃《集解》，页2421—2423。参据清梁玉绳《史记志疑》（北京，中华书局，1981）卷七，页247—248。

前文提到王吉在劝诫刘贺时曾借用的《论语·阳货》的文句，其语为："天何言哉，四时行焉，百物生焉，天何言哉！"《鲁论》则本来是"读天为夫"，今本"天"字系东汉末郑玄依据《古论》做的订正①，而王吉所称述者则与《鲁论》不同，仍作"天"字②。郑玄当时虽然号称参考了《齐论》和《古论》，来为西汉成帝时人张禹以《鲁论》为主编成的《论语》作注③，但依据日本学者武内义雄的看法，他实际参考的恐怕主要是《古论》，并没有怎么利用《齐论》。武内义雄对比后世文献中残存的郑玄注文后指出，郑氏只注出《古论》的不同写法而没有提及《齐论》④。因而，上述引文正显示出王吉授受的《齐论》与《鲁论》之间的文字出入及其同《古论》的一致性。反过来看，这也是印证王吉所学《论语》文本系统的一个实例。

昔唐人颜师古在评议前人对《论语》的解说时尝有语云：

　　夫《六经》残缺，学者异师，文义竞驰，各守所见。而

---

① 唐陆德明《经典释文》（上海，上海古籍出版社，1985，影印北京图书馆藏宋刻本）卷二四《论语音义》上，页 1386。参据清陈鳣《论语古训》（清乾隆六十年夏简庄原刻本）卷九，页 9a。

② 《汉书》卷七二《王吉传》，页 3061。

③ 梁皇侃《论语集解义疏》（北京，中华书局，1999，缩印民国二十二年上海古书流通处影印钱塘鲍家自存乾隆嘉庆间原刻初印本）卷首曹魏何晏《论语集解叙》，页 8。唐陆德明《经典释文》卷首《序录》之《注解传述人》，页 61。

④ 武内义雄《论语之研究》（东京，岩波书店，1939）之《序说》二《何晏の集解》，页 12—20。

马、郑群儒，皆在班、扬之后，向、歆博学，又居王、杜之
前，校其是非，不可偏据。

基于这样的认识，他在注释《汉书》时，注意到其中引述的经文
"与近代儒家往往乖别"，因其"既自成义指，即就而通之，庶
免守株，以申贤达之意"①。这一观念，应当也是我们今天看待包
括《论语》在内的各种经典早期授受派别及其传本的一个基本出
发点。

　　行文至此，一个重要的结论，就自然会呈现我们面前：海昏
侯墓出土的《齐论》，应直接出自西汉时期唯一以《齐论》名家
的权威学者王吉。因而，我们应当予以关注的，不仅是久已失传
的《知道》这一篇章重现于世的问题，更重要的是海昏侯墓中出
土的竹书，是不是还有《齐论》的其他部分？由于其来源的权威
性，若还发现有这一文本的其他部分，对清晰、准确地认识《齐
论》的面目，将具有非同寻常的重大意义。

　　进一步推究，还可以看到，其意义之重大，还不仅在于文本
来源的权威性上，而是可以借此深入了解后世《论语》文本形成
过程中对《齐论》取舍的一些具体情况。盖今本《论语》形成过
程中最重要的基础，是前面提到的成帝时人张禹编定的文本（后
又经郑玄刊改），而张禹本来是师从夏侯建学习《鲁论》的，后
来又转而师从王吉、庸生学习《齐论》，所以才能以《鲁论》为

① 《汉书》卷二二《礼乐志》唐颜师古注，页 1041—1042。

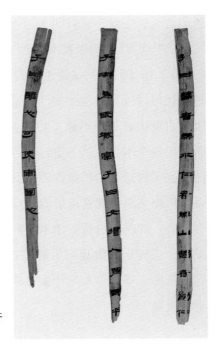

图 46　海昏侯墓出土《齐
　　　　论·雍也》简

主且折中二本，"择善而从"，编成定本①。明此可知，张禹所学
的《齐论》既然也是出自唯一以此学名家的王吉，昌邑王刘贺
受学于王吉而写下的这部《论语》，应与张禹从王吉那里学到的
《齐论》极为接近。这也就意味着海昏侯墓出土的《齐论》写本，
应与张禹编定《论语》时所依据的《齐论》近乎一致，其文献学

---

① 梁皇侃《论语集解义疏》卷首曹魏何晏《论语集解叙》，页 8；又皇侃《论语义
　疏叙》，页 6。《汉书》卷八三《张禹传》，页 3347—3348。唐陆德明《经典释
　文》卷首《序录》之《注解传述人》，页 59—62。

价值之大，也就不言自明了。

这样我们也就很容易理解，假如在今后的清理过程中，在《知道》和《问王》这两个《齐论》独有而又久已佚失的篇章以外，还可以发现其他一些《齐论》内容的话（或许已经发现，但因考古发掘者觉得不像《知道》篇这样罕见而未予重视①。当然若能发现全本《论语》更好），实际上对我们认识《齐论》，认识《齐论》《鲁论》的传承渊源以及这两个系统文本与《古论》的关系，认识张禹、郑玄以后流传至今的《论语》文本，或许会有更为深刻、同时也更富有学术内涵的意义（单单是《知道》一篇的发现，主要是可供我们了解《齐论》这一部分独特构成的内容，以及张禹、郑玄等人为什么对其弃而不用，但其价值有限，意义十分浅显）。

2016 年 10 月 19 日记

---

① 按：结合《齐论》之《智道》这一篇题以及内文中"智道"云云的说法等项因素，此前江西省文物考古研究所、首都博物馆在所编《五色炫曜——南昌汉代海昏侯国考古成果》（南昌，江西人民出版社，2016）一书第 186 页上以"《论语》类竹简文字"公布的三枚竹简，因将"知者乐水"书作"智者乐水"，即应属于《齐论》的《雍也》篇。

所谓"马蹄金"的名称与战国秦汉间金币形制的演变

　　在江西南昌附近发现的西汉海昏侯刘贺的墓室，出土有较大一批黄金制品，其中两种为动物蹄趾造型，一种底面近似椭圆形，另一种近似圆形而中间略带分瓣。发掘这一遗址的考古工作者称前者为"麟趾金"，后者为"马蹄金"[①]。这些黄金制品，出土后在南昌、北京等地展览，也是被如此称呼。[②]

　　对此，起初我并没有多加留意，以为不过是一种便宜的说法，一般讲讲，也没有太大问题。但前一段时间接受某电视专题片采访，制作这部专题片的人员询问我对"马蹄金"的看法，当

---

① 江西省文物考古研究所、南昌市博物馆、南昌市新建区博物馆《南昌市西汉海昏侯墓》，刊《考古》2016年第7期，页58，页60。其他如相关考古专家参与制作的电视专题片《西汉巨量黄金之谜》等。

② 如江西省博物馆和首都博物馆的展示。又江西省文物考古研究所、首都博物馆编《五色炫曜——南昌汉代海昏侯国考古成果》（南昌，江西人民出版社，2016），页120—121。

图 47　海昏侯墓室出土麟趾金 [1]

图 48　海昏侯墓室出土所谓"大马蹄金"（左）和"小马蹄金"（右）[2]

我纠正这一叫法的错误时，看到制片人员感到愕然，这才意识到
问题并非如此简单，专门从事海昏侯墓发掘和整理的学者，或许
因为烦碎的文物处理工作耗费大量精力，还顾不上去考虑其正确
写法究竟具有怎样的意义。因为这一专题片的制作者一直在考古
工地拍摄发掘过程，做过很多电视报道，与相关学者相与切磋日

---

[1]　江西省文物考古研究所、首都博物馆编《五色炫曜——南昌汉代海昏侯国考古
成果》，页118。

[2]　江西省文物考古研究所、南昌市博物馆、南昌市新建区博物馆《南昌市西汉海
昏侯墓》，刊《考古》2016年第7期，页60。杨君《马蹄金和麟趾金考辨》，刊
《中国钱币》2017年第3期，页3—13。按：下引杨君观点俱出此文。

图 49　海昏侯墓室麟趾金和所谓"马蹄金"出土现场 [1]

久，竟不知这一称谓并非其本来的名称，说明这是一个暂时被忽略的事项。

由于这两种造型特殊的黄金制品受到社会大众的极大关注，而其名称又与西汉一些重要事件紧密关联，因而有必要及时对此适当加以说明。具体地说，"麟趾金"的称谓并没有什么不妥，

---

① 　江西省文物考古研究所、首都博物馆编《五色炫曜——南昌汉代海昏侯国考古成果》，页 118。

可是"马蹄金"一称很不准确。

一　正确的名称"褭蹏金"以及这一称谓所体现的历史意义

所谓"麟趾金"和"马蹄金",其产生缘由见于《汉书·武帝纪》:

> (太始)二年(前95)春正月,行幸回中。三月诏曰:
> "有司议曰,往者朕郊见上帝,西登陇首,获白麟以馈宗庙,
> 渥洼水出天马,泰山见黄金。宜改故名。今更黄金为麟趾、
> 褭蹏以协瑞焉。"因以班赐诸侯王。[①]

上面的文字,一清二楚,是"褭蹏"而不是"马蹄"。

那么,究竟什么是"褭蹏"、什么是"马蹄",二者之间究竟又有什么区别? 查阅常用的辞书,如《汉语大词典》,我们会看到"褭"字的本义,是"以丝带系马",由此引申的语义,乃"代称马名",亦即某一种马的名称,例如古有"要褭"一称,指的是"骏马"。尽管"骏马"不能等同于所有的马匹,但若是将这一称谓稍加泛化,那么,在今天,把"褭蹏"写作"马蹄",倒也大致说得过去。盖"蹏"就是"蹄"的异写,二者之间,并

[①]《汉书》(北京,中华书局,1962)卷六《武帝纪》,页206。

没有实质性差别，对这两个字就没有必要深究了。

问题是这次汉武帝"更黄金为麟趾、褭蹏"，是有特殊的缘由和目的的，这种特殊的缘由和目的，决定了我们不能把"褭蹏"之上所承负的马身与九州之内所有各种马匹等量齐观。

致使汉武帝"更黄金为麟趾、褭蹏"的具体前因，是他在"郊见上帝"时"西登陇首，获白麟以馈宗庙"，以及"渥洼水出天马，泰山见黄金"这三件事情。所谓"白麟"也就是白色的麒麟是什么，谁也不知道，这是因为究竟什么是麒麟也没有人能够说个明白，只是历代相传，以为它是一种神兽。就像火星人的形象总是要和现实世界凡人的模样具有很多联系一样，麒麟也不能完全凭空臆造，大致是由某种鹿类食草动物脱胎而来。因此，不妨把"白麟"看作基因产生突变的某种"白化"了的畸形鹿类活物。古人往往会把白化的动物视为神异。想想汉代盛行的青龙、白虎等"四神"，就会很容易理解，所谓"白麟"和白虎一样，绝非凡物，而"麟趾"之金，就是把黄金塑造成此一白麟之趾的形状。

与麟趾金性质相同，"褭蹏金"所模拟的马蹄，也不是凡马。比不清不楚的"白麟"更加神异的是，《汉书·武帝纪》直接把这种马记作"天马"。如上所见，《汉书·武帝纪》说这种"天马"是在"渥洼水"中被发现的。

对此，人们不禁要问：天马怎么生在了水里？这岂不成了"海马"？且慢，《汉书·武帝纪》对其真相另有记载如次：

[元鼎四年（前 113）夏］六月，得宝鼎后土祠旁。秋，
马生渥洼水中。①

看这实实在在的客观记述，还只是凡马而不是天马。不过，《汉
书·武帝纪》中紧接下来的记述，就有了完全不同的内容：

作《宝鼎》《天马之歌》。②

这当然是讲汉武大帝为后土祠旁新得之鼎和渥洼水中所生之马赋
词作歌。显而易见，在汉武帝眼里，这是一匹天马；或者更准确
地说，是汉武帝愿意相信它是一匹天马。

我说汉武帝愿意相信它是一匹天马，是因为献马的人先这样
说过。《汉书·武帝纪》唐颜师古注引汉魏间人李斐语云：

南阳新野有暴利长，当武帝时遭刑，屯田炖（敦）煌
界，数于此水旁见群野马中有奇者，与凡马异，来饮此水。
利长先作土人，持勒靽于水旁。后马玩习，久之，代土人持
勒靽，收得其马，献之。欲神异此马，云从水中出。③

———————————

① 《汉书》卷六《武帝纪》，页 184。
② 《汉书》卷六《武帝纪》，页 184。
③ 《汉书》卷六《武帝纪》唐颜师古注，页 184—185。

图 50 甘肃武威雷台东汉
　　　墓出土"马踏飞燕"
　　　铜奔马

这位暴利长向皇帝献媚求荣的欲望虽很强烈，但毕竟知道这匹奇马没有翅膀是飞不起来的，将其"神化"的方式只是谎称出自水中，到了汉武帝的嘴里，竟摇身一变，成了横空出世的"天马"。

汉武帝写这首《天马之歌》，见载于《汉书·礼乐志》。为清楚展示汉武帝的用意，兹全文抄录于下：

太一况，天马下，沾赤汗，沫流赭。志俶（俶）傥，精权奇，筭浮云，晻上驰。体容与，迣万里，今安匹，龙为友。①

---

① 《汉书》卷二二《礼乐志》，页 1060。

"太一"是天帝的别名，唐朝人颜师古解释说，"太一况，天马下"，是讲"天马乃太一所赐，故来下也"[1]，这就明确地把得自渥洼水中的野马神化成了天帝赐下的神马，而与其相匹配的生物，只能是龙，故歌词以"龙为友"作结。这样的神马，也不妨姑且称之为"龙马"。歌词中的"笯浮云"，曹魏时人苏林释之曰："笯音蹑，言天马上蹑浮云也。"[2] 这是讲天马在云上奔驰的具体形态。1969年甘肃武威雷台东汉墓出土的"马踏飞燕"铜奔马，其马足下踏飞鸟，亦即犹如腾空蹑云，从中可以领略汉武帝歌咏的天马形象。实际上，东汉人应劭在注释《汉书·武帝纪》时，即曾描述"裹蹄"之上载负的"要裹"之马说："古有骏马名要裹，赤喙嘿身，一日行万五千里也。"[3] 一天跑上一万五千里，这不是天马，也是天马；不是神马，也是神马了。

《汉书·礼乐志》记此歌系"元狩三年（前120）马生渥洼水中作"[4]，如上所述，《汉书·武帝纪》本已明确记载，所谓"马生渥洼水中"，事在元鼎四年的秋天，《汉书·武帝纪》继之在下一年的元鼎五年，复记载汉武帝于是年十一月辛巳朔旦冬至之时，"立泰畤于甘泉"，并于此亲祠太一，下诏曰：

　　　　朕以眇身托于王侯之上，德未能绥民，民或饥寒，故巡

---

① 《汉书》卷二二《礼乐志》唐颜师古注，页1060。
② 《汉书》卷二二《礼乐志》唐颜师古注，页1060。
③ 《汉书》卷六《武帝纪》唐颜师古注，页206。
④ 《汉书》卷二二《礼乐志》，页1060。

祭后土以祈丰年。冀州雕壤乃显文鼎，获荐于庙；渥洼水出马，朕其御焉。战战兢兢，惧不克任，思昭天地，内惟自新。诗云："四牡翼翼，以征不服。"亲省边垂（陲），用事所极。望见泰一，修天文祖。①

汉武帝在祠祀太一时着重讲述了宝鼎、天马两大天瑞的意义，这正与《天马之歌》开篇即唱颂"太一况"的情形相契合，更清楚地表明两处讲的是同一件事。汉武帝在这篇诏书中，还把后土祠旁出鼎与渥洼水中出马两件事并列在一起，并把这两大吉瑞的出现，紧继于汉武帝亲巡后土祠之后。后土祠在河东的汾阴，而汉武帝此番东幸汾阴，乃是在元鼎四年年初的十一月甲子（按：当时是以十月为岁首，也就是每年是从十月开始过的），目的是"立后土祠于汾阴雕上"②，因知此前汾阴并无后土之祠，故元鼎五年诏书中所说"巡祭后土以祈丰年"与之应为一事，而"冀州雕壤乃显文鼎，获荐于庙；渥洼水出马，朕其御焉"，只能是指元鼎四年六月获鼎得马之事。结论只能是《礼乐志》载述的年代存在舛误。

元鼎四年这个年份，对于汉武帝来说，与所谓"元狩三年"是有很大不同的。据《史记·封禅书》记载，在这前一年的元鼎三年，汉廷出现了一项亘古未有的事件：

---

① 《汉书》卷六《武帝纪》，页 185。
② 《汉书》卷六《武帝纪》，页 183。

有司言元宜以天瑞命，不宜以一二数。一元曰"建"，二元以长星曰"光"，三元以□□□□曰"朔"，四元以郊得一角兽曰"狩"云。①

简单地说，就是朝廷有关部门提议，纪年的形式不能再像以前那样用一元、二元、三元、四元的形式，来称谓已经过去的四个"纪元"，而要用某种"天瑞"，把汉武帝即位以来的第一个纪元改称为"建元"，第二个纪元改称为"元光"，第三个纪元改称为"元朔"，第四个纪元改称为"元狩"。结合"建元""元光""元朔""元狩"这些年号的实际使用情况，可知结果是汉武帝采纳了这一建议。

从表面上看，这一举措似乎更多的只是一种技术性的安排。即在此之前，汉武帝每隔六年就改换一次纪元，以元年、二年、三年、四年、五年、六年的形式，往复循环，周而复始。到所谓"元鼎三年"的时候，实际上是进入了第五次改元之后的第三个年头，当时并没有"元鼎"这个年号。当旧元已更，新元启用之后，称谓已经过去了的年代，就分别呼之曰一元某年、二元某年、三元某年、四元某年，依此类推，所谓"以一二数"，讲的就是这种方式。长此以往，这些以序数表述的纪元，很容易产生

---

① 《史记》（北京，中华书局，2014）卷二八《封禅书》，页1669。按：上引《史记·封禅书》文字业经本人改订，相关情况见拙著《建元与改元》（北京，中华书局，2013）上篇《重谈中国古代以年号纪年的启用时间》，页7—10。

混淆，对处理文书档案以及相关行政事务，极为不便。若是分别给每一个过去的纪元定立一个专门的名称，自然就会很容易区分彼此。所以，从纪年记述角度看，"有司"提出上述建议，也可以说是用以改变汉武帝连续不停改元所造成的纪年混乱局面，便利行政管理。

但是，在剥开这层表面的技术性原因之后，我们会很容易地看到，其新定的纪元形式之所以要"以天瑞命"，就是用某种上天显现的吉瑞征兆来命名。这样的行为，在当时还仅限于追记既往。其政治寓意，在九年之后，才更清楚地体现出来。这一年，汉武帝定名当年为太初元年（前104），即在现实生活中，正式采用了这样的方式来纪年，也就是建立了"年号"纪年的制度，而刘彻采用这一纪年方式的实质性意义，在于凸显皇帝君权天授的至高无上；更具体地说，就是大大高居于刘氏其他皇子的头顶，这也就是汉武帝在元鼎五年十一月辛巳朔旦冬至诏书中所说的"朕以眇身托于王侯之上"。因为在此之前，汉家各个诸侯王也同天子一样，是径以自己在位的年数来作为王国的纪年，亦即均徒称元年、二年、三年。现在天子有了以上天瑞应命名的"年号"，与其他诸侯王之间，就标明了判然不同的界限，同时也拉开了不可逾越的距离。

年号，作为一个显著的标志，昭示了皇帝与诸侯王之间天差地别的位分限隔，明确警示诸侯王们不得妄生非分之想。这一举措，意义极为重要。盖秦始皇野蛮征服关东六国诸侯之后，建立起政令同一的郡县制庞大帝国，至西汉初年刘邦又倒退半步，不得不实行分封与郡县并行的双重政体，各地诸侯王的权势地位对中央集权构成一定威胁，最严重时甚至发生吴楚七国之乱那样的严重危机。汉武帝时期，在利用推恩令等大力削弱各诸侯王国实力的同时，在礼仪制度上也对各诸侯王予以强力压制，年号制度的实施，即为其中一项重要措施，也标志着汉初以来一直存在的诸侯王对朝廷的严重威胁已经基本解除。

从更长远的历史发展大势来看，从秦始皇初创唯朕一人独裁的大帝国，到汉武帝太初改制，可以说是这种高度集权体制得以确立的一个时段。这个变化太过剧烈了，不能一蹴而就，所以，秦才会二世而亡，才会有西汉初年在一定范围重行分封。在这一时段的两端，各有一个极具标志性而又非常简单的创制：嬴政甫统一全国即创行了"皇帝"名号，刘彻则在太初元年创立了年号纪年制度。至于汉武帝在现实生活中采用年号纪年为什么一定选在太初元年，这是因为汉武帝根据相关天文条件，决定在这一年改革历法，史称"天历始改，建于明堂，诸神受纪"，也就是所谓"改正朔"①。这是具有重大象征意义的举措，所谓"太初改制"正是以此番正朔的更改为首要标志，年号的启用与之并行，可以说是一件很自然的事情。

在这一大背景下，再来看元鼎三年在追溯既往史事时以年号纪元这一举措的历史意义，我想，人们应不难发现，朝廷这次以某一纪元期间所出现的"天瑞"来命名已经过去了的这一纪元，

---

① 《史记》卷一三〇《太史公自序》，页 4001，页 4009。

实质上是为了在现实生活中正式启用年号纪年来预先营造氛围。至于所谓"有司言"云云不过是汉武帝指使相关官员陈奏或是佞臣揣摩上意的献媚之词而已，这在中国古代的政治运作中是再常用不过的老套路，殊不必拘泥其字面含义。

紧继其后的下一年，亦即元鼎四年，就出现了后土祠旁出宝鼎和渥洼水中出天马这两大奇异事件，刘彻当即制作《宝鼎之歌》和《天马之歌》，宣示对这两大奇事的尊崇和"定性"。汾阴后土祠旁出土宝鼎（当然只能是商周时期的古鼎）一事，后来被视作汉武帝第五纪元的天瑞，因之追定这一纪元的名称为"元鼎"。宝鼎既被如此重视，那匹被汉武帝定名为"天马"的野马，自然也是一大"天瑞"。

其实汉武帝在元鼎四年视敦煌野马为"天马"，并不是说骤然之间心血来潮所致，这本身也有一个酝酿过程。此前两年，亦即元鼎二年，张骞出使乌孙归来，带回乌孙良马数十匹，而在张骞返回汉廷之前，汉武帝以《易》占筮，即已卜得"神马当从西北来"，及"得乌孙马好"，遂"名曰'天马'"[1]。汉武帝想把乌孙的良马说成是神异的"天马"，但它毕竟是张骞从乌孙带回来的，好则好矣，但确实一点儿也不神异。于是，就有了那位敦煌刑徒暴利长迎合上意献上所谓"水生"野马的事情，这匹出处神异的野马，也就顺理成章地被神化成了地道的"天马"。

---

[1] 《史记》卷一二三《大宛列传》，页 3846—3848。《汉书》卷一九下《百官公卿表》下，页 777—778。

需要说明的是，后来在太初四年，贰师将军李广利获大宛汗血马，较诸乌孙马更为强壮，汉武帝又命名此马为"天马"，并更名乌孙马为"西极"，还为此写下一首《西极天马之歌》，也载录于《汉书·礼乐志》①。汉武帝这次称誉大宛的汗血宝马为"天马"，其涵义与元鼎四年在敦煌所获取者已有很大不同。汉武帝在《西极天马之歌》的开篇，述之云"天马徕，从西极，涉流沙，九夷服"②，即谓此马来自极西的远方，这与他在元鼎四年《天马歌》中将渥洼水边捕获的野马说成是太一所赐，存在着本质性差异。

现在让我们回过头再来看"麟趾金"的问题。如前所述，"麟趾金"一名，缘于汉武帝西登陇首所获取的"白麟"，而获取这一"白麟"，是在汉武帝第四纪元之第五年，前引《史记·封禅书》称将此纪元追定为"元狩"是因为在这一纪元期间尝"郊得一角兽"，指的就是这次"获麟"。显而易见，在汉武帝的眼中，这也是一大"天瑞"。

正因为"西登陇首获白麟"和"渥洼水出天马"都是难得一现的祥瑞，同时"泰山见黄金"也是一大祥瑞，所以汉武帝才会"今更黄金为麟趾、褭蹄以协瑞焉"。具体地说，就是以"麟趾金"来协和"西登陇首获白麟"这一天瑞，以"褭蹄金"来协和"渥洼水出天马"这一天瑞。理解这一点，就不难判明，

---

① 《汉书》卷二二《礼乐志》，页 1060—1061。
② 《汉书》卷二二《礼乐志》，页 1060。

"裹蹏"的"裹"，应是特指汉武帝所说的"天马"，它和"麟趾"的"麟"一样，是上天赐下的祥瑞，绝不能混同于世间的凡马，因而"裹蹄金"也就不能写成"马蹄金"。若是像现在这样，将其随便写成"马蹄金"，就湮没了上述特定的历史涵义。

二　西汉灭亡后所见麟趾金和裹蹏金

如上所述，麟趾金和裹蹏金创自汉武帝时期，而在西汉灭亡之后，亦时或有人宣称见到这两种形制独特的黄金制品。但由于时间久远，后人对麟趾金和裹蹏金的认识，颇有一些不清楚甚至完全错误的地方，直至这次在海昏侯墓批量出土麟趾金和裹蹏金之前，相关情况仍不够十分清晰。海昏侯墓成批出土麟趾金和裹蹏金之后，相关学者依据这些新的实物资料，相继做过一些研究，使旧有的认识向前推进很多。

当然我们首先要感谢这次重大考古发现给研究者提供了非常可靠的依据，同时也感谢一代代学者持续不断地努力。下面我就在这些学者的研究基础上，略事申说，谈谈自己对海昏侯刘贺墓室所出麟趾金和裹蹏金的看法，谈谈这一发现在历史研究中的价值。

在传世文献中，汉代以后，最早提到发现西汉"马蹄金"的人，是唐代初年人颜师古。颜师古在注释《汉书·武帝纪》太始二年（前95）下诏令"更黄金为麟趾、裹蹏以协瑞焉"这句话时，称"今人往往于地中得马蹏金，金甚精好而形制巧妙"①。看颜氏对这些马蹏金"金甚精好而形制巧妙"的描述，应该与海昏侯墓中所出土者大体相近。对于后人来说，麟趾金和褭蹏金的区分，是一件很让人挠头的事情，至今亦然，所以，当时是只发现了褭蹏金，还是同时尚一并出土有麟趾金而他是以"马蹏金"来兼指二者，我想两种可能都有。不管怎样，颜师古不称"褭蹏金"而代之以"马蹏金"，已经开始淡化甚至模糊麟趾金和褭蹏金象征天瑞的寓意。

再往后，至唐末人康骈撰《剧谈录》，在一则灵怪故事中，也提到了一次所谓"马蹄金"的发现，文曰：

> 李汧公勉镇凤翔，有属邑编甿，因耤田得马蹄金一瓮。里民送于县署，公牒将至府庭。宰邑者喜获兹宝，欲自以为殊绩。虑公藏主守不严，因使置于私室。信宿，与官吏重开视之，则皆为土块矣。瓮金出土之际，乡社悉来观验，遽为变更，靡不惊骇。②

故事的神异性我们尽可置而不论，值得注意的是康骈在自注中明确记明《汉书·武帝纪》之太始二年诏书，即谓这瓮"马蹄

---

① 《汉书》卷六《武帝纪》唐颜师古注，页 206。
② 唐康骈《剧谈录》（合肥，黄山书社，1991，徐凌云、许善述点校《唐宋笔记小说三种》本）卷上"袁相雪换金县令"条，页 11。

金"就是太始二年诏命制作的"褭蹏金"。在这里我们又一次看到了颜师古式的说法，也就是把天马"褭蹏"等同于普通凡马的"马蹄"。

把"褭蹏金"称作"马蹄金"，不仅模糊了其作为吉祥天瑞标志的"符号"意义，把人们带离汉武帝时期特殊的历史场景，对于后世人来说，这样做还会造成其他一些混乱。这是因为至迟从北宋时期起，我们还可以看到史籍中出现了另外一种与汉武帝"褭蹏金"完全不同的"马蹄金"。

宋人邵伯温记述说，仁宗嘉祐七年（1062）十二月庚子，"再幸天章阁，召两府以下观瑞物十三种：一、瑞石，文曰'赵二十一帝'；二、瑞石，文曰'真君王万岁'；三、瑞木，曰'大运宋'，隐起成文；四、七星珠；五、金山，重二十余斤；六、丹砂山，重二十余斤；七、马蹄金；八、软石；九、白石，乳花；十、瑞木，左右异色；十一、瑞竹，一节有二弦并生其中；十二、龙卵，有紫斑而小；十三、凤卵，色白而大"[①]。看上面罗列的这些瑞石瑞木、金山丹砂之类，都是天然的产品，甚至包括龙卵凤卵，也一定是自然界生物所产（或为恐龙之类的古生物巨蛋），所谓"马蹄金"理应相同。检宋应星《天工开物》载录国中金矿分布概况云："凡中国产金之区，大约百余处，难以枚举。山石中所出，大者名马蹄金，中者名橄榄金、带胯金，小者名瓜

① 宋邵伯温《邵氏闻见后录》（北京，中华书局，1983）卷一，页5。

图51　今人所称"狗头金"

子金。"① 宋仁宗与两府以下群臣同观的瑞物"马蹄金"，应即此等天然金块，自与汉武帝的"褭蹄金"别是一物。

宋以后文献所记"马蹄金"，有很多都是这种天然金块，不过如今人所称"狗头金"，以其外形略似骥足犬首而拟以名之。若是把"褭蹄金"随意误称"马蹄金"，就会给我们准确、清晰地认识相关史事，横添很多纷扰和困惑，这是我们在谈论海昏侯墓出土麟趾金和褭蹄金时需要附带了解的一个重要问题。

言归正传。史籍所见后世出土麟趾金和褭蹄金最具体的记载，是北宋中期人沈括的《梦溪笔谈》。《梦溪笔谈》中的相关记载，后人称引殊多，至今亦然。不过古今学者为轻省笔墨，多只摘录其中紧要文字，以致读者不能全面、准确地了解原书的内容。有鉴于此，兹全文移录如下：

> 寿州八公山侧土中及溪涧之间，往往得小金饼，上有篆文"刘主"字，世传淮南王药金也。得之者至多，天下谓之

---

① 明宋应星《天工开物》（扬州，江苏广陵古籍刻印社，1997，影印民国己巳陶湘涉园刊本）卷下，页350。

印子金是也。然止于一印，重者不过半两而已，鲜有大者。予尝于寿春渔人处得一饼，言得于淮水中，凡重七两余，面有二十余印，背有五指及掌痕，纹理分明。传者以谓泥之所化，手痕正如握泥之迹。

襄随之间故春陵白水地，发土多得金麟趾、褭蹏。妙趾中空，四傍（旁）皆有文刻，极工巧。褭蹏作团饼，四边无模范迹，似于平物上滴成，如今干柿，土人谓之柿子金。《赵飞燕外传》：“帝窥赵昭仪浴，多裒金饼以赐侍儿私婢。”殆此类也。一枚重四两余，乃古之一斤也。色有紫艳，非他金可比。以刀切之，柔甚于铅，虽大块亦可刀切，其中皆虚软。以石磨之，则霏霏成屑。

《小说》谓麟趾、褭蹏乃娄敬所为药金，方家谓之娄金，

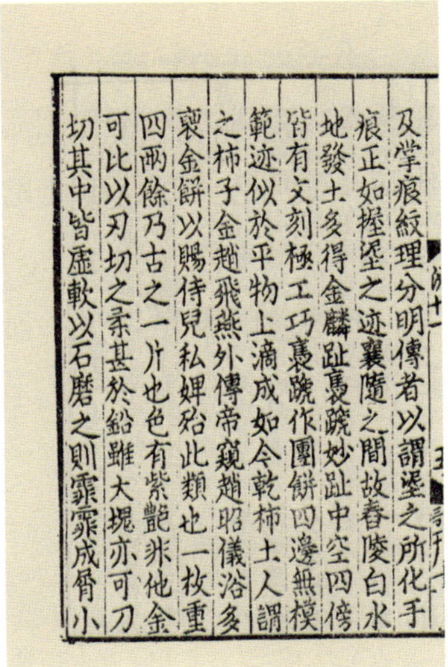
及掌痕紋理分明傳者以謂埿之所化手
痕正如握埿之迹襄隨之間故春陵白水
地發土多得金麟趾褭蹏妙趾中空四傍
皆有文刻極工巧褭蹏作團餅四邊無模
範迹似於平物上滴成如今乾柿土人謂
之柿子金趙飛燕外傳帝窺趙昭儀浴多
褭金餅以賜侍兒私婢殆此類也一枚重
四兩餘乃古之一斤也色有紫艷非他金
可比以刃切之柔甚於鉛雖大塊亦可刀
切其中皆虛軟以石磨之則霏霏成屑小

图 52　文物出版社影印元大德九年（1305）陈仁子东山书院刻本《梦溪笔谈》

和药最良。《汉书》注亦云异于他金。予在汉东一岁，凡数家得之，有一窖数十饼者，予亦买得一饼。[1]

上述记载，与当代学者对麟趾金和褭蹏金的认识密切相关，在下一节中，将以海昏侯墓出土的实物作为主要的论证基础，综合参考所知所见诸家的论述，对各项问题逐一加以说明。

三　战国秦汉间圆形金币的类型划分

首先，沈括所说"褭蹏金"与汉代的实物是不是相符？按照沈括的说法，这种"褭蹏金"的基本形态，是状如"团饼"。宋代的"团饼"长什么样，用不着多事考证，顾名思义，古今同理，团饼就是圆饼。杨万里《初九夜月》诗云："珍重姮娥住广寒，不餐火食不餐烟。秋空拾得一团饼，随手如何失半边。"[2] 这显然是以团饼之形来比拟圆月之状。反过来讲，即可确切证实团饼乃状如满月无疑。以此论之，沈括所说"褭蹏金"，无疑应属海昏侯墓出土的圆形金饼，而与汉武帝创制的"褭蹏金"无关。

其次，沈括所谓"妙趾中空，四傍（旁）皆有文刻，极工巧"者，粗看起来，不管是指麟趾金，还是指褭蹏金，似乎都讲

---

① 宋沈括《梦溪笔谈》（北京，文物出版社，1975，影印元大德九年陈仁子东山书院刻本）卷二一《异事》，页 5a—6a。
② 宋杨万里《诚斋集》（上海，商务印书馆，民国《四部丛刊初编》影印景宋写本）卷三二《江东集·初九夜月》，页 14b。

得通，大体上也都与海昏侯墓出土的实物相吻合，我们现在已很难断定他见到的到底是哪一种。不过从海昏侯墓出土的实物来看，麟趾金和褭蹏金在外形上有很明显的区别，按照常理来讲，不大可能是沈括同时见到了麟趾金和褭蹏金却将其混同为一事而视作麟趾金。对于这一问题，在此暂且按下不表，留待下文进一步说明。

这样的认识看似简单，但在这次发掘海昏侯墓并获得相关实物证据之前，却难以实现，而且大多数研究者还会和沈括一样，得出与实际情况具有很大偏差的结论。

在当代学者中，安志敏较早系统地研究了战国至汉代的金币问题，1973 年，在《考古学报》上发表了《金版与金饼——楚、汉金币及其有关问题》。在这一研究中，安氏广泛搜集各种实物资料，并密切结合《梦溪笔谈》等传世文献的记载，把汉武帝的麟趾金和褭蹏金置于金币演变的序列中加以考察，得出的认识，既有厚度，又有深度，为我们深入认识这一问题，奠定了最重要的基础。[1] 但当时考古发现的实物还很不充分，主要受这一客观条件的限制，其结论并不一定符合历史实际。

继安氏之后，对这一问题做出重要研究的学者是黄盛璋。1985 年，他在《中国钱币》上发表《关于马蹄金、麟趾金的定名、时代与源流》一文，集中研究所谓"马蹄金"和麟趾金问

---

[1] 安志敏《金版与金饼——楚、汉金币及其有关问题》，刊《考古学报》1973 年第 2 期，页 61—90，图版二至六。按：下引安氏观点俱出此文。

题，认识自然有新的进展①，但由于同样受到实物资料的限制，事实真相仍然难以澄清。同年底，张先得在《文物》发表《记各地出土的圆形金饼——兼论汉代麟趾金、马蹄金》一文，和安志敏在1973年发表的文章一样，试图全面梳理战国秦汉时期的金币形式，也对所谓"马蹄金"和麟趾金的问题，提出了重要看法②。尽管其结论未必正确，但他们对问题的讨论逐渐深入，可利用的出土资料更日渐丰富，这一年也可以说是在麟趾金和褭蹏金问题的研究上，取得重要进展的一年。

海昏侯墓同时出土麟趾金和褭蹏金等相关实物之后，因新出土材料的吸引和研究条件的改变，又有一些研究发表，其中以杨君的《马蹄金和麟趾金考辨》一文论述最为系统，也提出了更为具体的新观点③。

近几十年来，还发表有很多对这一问题的研究，诸家所论也各有所见，但总的来说，上述四家的论述相对更为充分，也更具有代表性，它们分别代表了人们认识的几个不同阶段。尽管系统性的程度不尽相同，但这几位学者都对战国秦汉时期各种金币的类型做了归纳和划分，这样也就能够从全局中合理地审视和认定究竟什么是麟趾金和褭蹏金。

---

① 黄盛璋《关于马蹄金、麟趾金的定名、时代与源流》，刊《中国钱币》1985年第1期，页11—17。按：下引黄氏观点凡不注明出处者俱出此文。
② 张先得《记各地出土的圆形金饼——兼论汉代麟趾金、马蹄金》，刊《文物》1985年第12期，页39—49。按：下引张氏观点俱出此文。
③ 杨君《马蹄金和麟趾金考辨》，刊《中国钱币》2017年第3期，页3—13。

1. 安志敏金饼类型表

类型		形状	制作工艺	数值等	图形	数量
甲类（麟趾金）	I式	作圆饼形。正面光滑，中央凹入有裂缝，凹入部分周缘形成凸边，背面凸凹不平。	当凝固之后，似再经加工，其正面的凹入部分，系铸成后捶击而成，故多有裂缝；周缘也有砸击痕迹。	直径～6厘米，最小4.2厘米，厚0.82～1.5厘米。正面往往有文字或作符号，个别有戳记，大体也是用作符号。		数量最多。
	II式	正面凹入，背面隆起较高呈弧形。		与作为冥币的铜饼、泥饼类似。		数量不多。
	IV式	小型金饼，与I式同，唯造型较小。正面中央凹入清晰可见。		直径1.75～2.1厘米，厚0.4～0.68厘米。重量为大型金饼约1/16。		

	类型	形状	制作工艺	数值等	图形	数量
甲类（麟趾金）	V式	小型金饼，作圆形薄片。一面呈弧形隆起。	隆起一面砸击的痕迹比较清晰。周缘部分尤为显著，说明系在铸成金片上捶击而成。	直径2.48~2.88厘米，厚0.2厘米。重量比IV式稍轻。		
乙类（马蹄金）	III式	正面凹入，背部周壁向上收缩成斜面，口小底大，内部中空，形如截尖圆锥体。				仅发现3例。

2. 黄盛璋圆形金币类型表

类型	形状	区分	与安氏分类对应关系	黄氏定名	
I式	为圆形饼状，正背面皆实而不空，有如求柿而饼，故求人俗称"柿子金"。	I式与II、III两式的区分，在于背之实与中空。	安氏甲类（麟趾金）	饼金 ↗	广义之麟趾金
II式	正面为圆形（或不甚规则似圆）而背面中空，周壁向上斜收，口小底大，形如圆足兽蹄。	二者之分，II式为圆形，III式为椭圆形。	安氏乙类（马蹄金）	蹄形金	狭义之麟趾金
III式	正面为椭圆形，背面中空，形如马蹄。				马蹄金

3. 张先得圆形金饼类型表

类型	形状	制作工艺	数值	图形	其他特征	时代
I型	不规则圆饼状，背面不甚平整，底部较光洁，直径大小不等。	似将金液倾注大形陶器内底而成，未作加工。			出土时多不完整，大部分被剪凿。有的印有"陈爰"戳记，有的刻有文字符号。	战国楚晚期铸造。
II型	圆饼状。饼背轮廓为不规则波纹边，背部有浮雕状波纹微凸，有的匀的瘤状凸点及不匀的瘤状凸点，底部中心微凹，较光洁，有的打印戳记或刻画文字符号。	并非如沈括所说"似于平物上滴"，即不用模具，而是将金液倾注陶容器内底而铸成的（如俗称之"坛子金"）。			出土数量较多，即沈括所谓"麇蹄金"。	秦至西汉后期。

类型	形状	制作工艺	数值	图形	其他特征	时代
III型	截尖圆锥状，中空，斜壁，小口，圆底。壁有不规则横向波纹，一侧稍高，另一侧稍低并有缺孔，缺孔近底部卷唇。内壁有横向波纹及麻点，内底一侧有不规则波纹凸起。外底光洁，中心微凹。				个别金饼外底画有戳记或刻画文字，记重符号。整体形似兽蹄壳状。应是汉武帝太始二年所更名的"麟趾金"。	
IV型	截尖圆锥状，中空，上口略高，形状不规律，椭圆底。斜壁，壁有不规律，一侧稍高，另一侧较低成为缺口，缺口近底外卷唇。外壁有不规则横向波纹，内壁有横向波纹及麻点，内底一侧有波纹状凸起，外底光洁，中心微凹。			38 39	大部外底有戳记及刻画文字或记重符号。整体形似马蹄壳，应是汉武帝太始二年更名的"褭蹄金"。	

类型	形状	制作工艺	数值	图形	其他特征	时代
V型	圆饼状，外缘较规整。饼背轮廓有不规则的卷唇边，背部微凸不很平整，有散乱的波状纹及不均匀的瘤状凸点。底面较平，中心较薄，有捶击加工痕及经捶打产生的裂纹。				个别金饼底部有刻画文字。	西汉至东汉。
VI型	小圆饼状，外形不规整。厚缘，背部中心稍内凹，底部粗糙，有许多小空隙。		直径2厘米左右，近似围棋子。			
VII型	小金泡状，背部微凸整。背部微凸，边缘有捶痕，底部凹。	系用厚金片剪切成圆形，经捶打而成。	直径2.5厘米左右。			

続表

类型	形状	制作工艺	数值	图形	其他特征	时代
Ⅷ型	掐丝贴花镶琉璃面马蹄金。中空，斜壁，前壁高后壁低。壁面上有较规整的横向波纹。上口略小，呈一斜面。底部为椭圆形。斜面周缘饰金丝掐成的联珠纹，上口嵌琉璃面。通体抛光，十分华丽。					
Ⅸ型	掐丝贴花镶琉璃面麟趾金。中空，长斜壁，前壁倾斜度较大，后壁较短。底为椭圆形。上口周缘饰金丝掐成的联珠纹，后侧有一金丝掐成的花蕾状突起，上口嵌琉璃面。通体修长，壁面无波纹，经抛光十分光洁。					

4. 杨君马蹄金与麟趾金类型表

类型		名称	特征	标准图形	同类图形	时代
I 型	I a 型	钱币及文博界旧称"马蹄金"。 钱币及文博界或合称二者为"马蹄金"。	立体、中空，底面呈椭圆形，空腔广大，敞口偏斜，空腔内外侧有如金属熔液自然流动的纹路。			
	I b 型	钱币及文博界旧称"麟趾金"。	立体、中空，底面呈圆形，空腔下大上小，空腔内外侧有如金属熔液自然流动的纹路。			

类型		名称	特征	标准图形	同类图形	时代
II 型	II a 型	大马蹄金	镶嵌有掐丝金带和玉片（或琉璃片）。			汉武帝太始二年之后。
	II b 型	麟趾金				
	II c 型	小马蹄金				

5. 安志敏、黄盛璋、张先得、杨君诸家圆形金币类型对照表

新定类型		图形	属性	杨君	黄盛璋	安志敏	张先得
I	I		战国楚国金饼。	□	□	金版	I
II	II a		秦汉一斤重标准金币（海昏侯墓出土金饼即属此类）。	□	I	I、II	II
	II b			□		□	V
III	III a		西汉标准金币的一两重辅币。	□		IV	VI
	III b		战国和西汉标准金币的一两重辅币。	□		V	VII

216 | 海昏侯新论

张先得	安志敏	黄盛璋	杨君	属性	图形	新定类型	
Ⅲ	Ⅲ	Ⅱ	Ⅰb	战国秦汉间非标准薄壁立体造型金币（圆底）。		Ⅳa	Ⅳ
Ⅳ	□	Ⅲ	Ⅰa	战国秦汉间非标准薄壁立体造型金币（椭圆底）。		Ⅳb	
Ⅷ	□	□	Ⅱa、Ⅱc	汉武帝褭蹏金（大、小两种）。		Ⅴa	Ⅴ
Ⅸ	□	□	Ⅱb	汉武帝麟趾金。		Ⅴb	

为清醒眉目，更加直观地了解他们的看法，在这里，我按照自己的理解，分别制作 4 份表格，简单体现他们各自论述的要点。另外再制作 1 份上述四位所划分金币类型的对照表，以见其相互关系，同时提出我对战国秦汉时期圆形金币类型划分的看法。

需要说明的是，这几位学者对某些金币外形的认定，有时会有比较重大的出入，这给他们相互之间的类型对照造成一定困难，使这种对比不够十分贴切，具有一定偏差，但就其总体情形而言，还是能够比较清楚地体现这几种金币类型的内在关系。另一方面，由于我对这方面的问题十分生疏，缺乏周详的认识，若是因此而造成理解的错谬，那就完全是我自己的责任了。

四　西汉金饼的历史渊源

安志敏首先认定，沈括所说寿州八公山出土的带有篆文"刘主"字样的小金饼，并且指出更早在《晋永和帝起居注》中即已记载当时曾有同类的金币出土，应属战国时期楚国通行的"郢爰"金版，所谓"刘主"，不过如清人方濬益所指出的那样，是"郢爰"的误读而已 [1]（安氏同时也已经指出，按照现代学者的释读，实际上应是读作"郢爯"）。娄敬药金和淮南王药金的说法，

---

[1]　清方濬益《缀遗斋彝器考释》（台北，台联国风出版社，1976 年，影印民国癸酉石印本）卷二九"郢金钣"条、"陈金钣"条，页 1831—1840。

自已被相关出土发现和确切的文献记载攻破。

宋代的寿州就在楚国东迁后的国都寿春附近，而这个新迁的都城，沿袭过去在江陵时的旧称，仍名之曰"郢"①。所以，在这一带发现较多带有"郢爰"（"郢禹"）字样的楚国金版，是非常自然的。当然，楚金版上的铭记不仅所谓"郢爰"一种，但性质都是一样的。

尽管安志敏的主要论述对象并不是麟趾金和"马蹄金"，但正因为其目光关注的是整个战国秦汉间的金币问题，所以，就我们讨论的麟趾金和裹蹏金问题而言，安氏能够展开一个广阔的视野，把当年沈括见到的各项相关事宜，一一尽收眼底，努力做出科学的说明。

其具体的论述，从"郢禹"着眼，这一点是非常重要的。这样做的重要意义在于，它会把我们带入对楚国另一种形式金币的观察，这种金币多呈两端凹入的长方形平板状，也有一些是四周边缘规整的矩形或其他形状的平板，安志敏在论述中把这种形式的金币，称为"金版"，其实这也是过去比较通行的叫法。

如安氏所云，黄金在商和西周主要被用作装饰品，其作为流通手段大致从东周时期开始，而进入战国以后，相关记载逐渐增多。楚国盛产黄金，也较早、较普遍地铸造以所谓"金版"为主要形制的金币，用于流通。安氏指出，楚金版完整的一版，大多

---

① 拙文《〈楚居〉与楚都》，见敝人文集《旧史舆地文编》（上海，中西书局，2015），页76—91。

图 53 安徽阜南三塔出土战国
楚国金版 ①

约等于楚国衡制一斤（按：这主要是指大多数标准的两端凹入式
长方形金版，后来发现的一些其他形状的金版，重量往往就没有
统一的规范 ②），而战国时期楚国的衡制与同时并立的秦国大致
相当，也与秦汉两朝衡制的一斤基本相等。楚国金版虽以一斤为
定制，但每一块的分量都会有所出入，甚至每一块金版的形制虽
多铸做两端凹入的长方形，但相互之间也有明显差异，这应该是
工艺上无法准确控制的偏差。

　　我感觉楚国金版以一斤为定制这一点非常重要，它影响到西
汉金币的规格。不过这一影响并不是直接由此及彼，而是经历了
一个渐进的过程。

　　为清楚说明这一过程，首先需要对上列安志敏、黄盛璋、张
先得、杨君诸家对战国秦汉金币的类型划分及其相互关系，做出

①　出土文物展览工作组编《文化大革命期间出土文物》第一辑（北京，文物出版
　　社，1973），页 99，《说明》，页 11。
②　姚迁《江苏盱眙南窑庄楚汉文物窖藏》，刊《文物》1982 年第 11 期，页 7—9。

阜9号   阜7号

图 54 安徽阜南三塔出土形状互有出入的两块战国楚国金版拓片 ①

简要的分析，同时为叙述方便，做出本人新定的类型划分。

在这里，我首先沿承张先得的Ⅰ型，移用作新定的辛某Ⅰ
式；而把张先得的Ⅱ、Ⅴ两型和安志敏的Ⅰ、Ⅱ两式，合并为辛
某Ⅱ式；把张先得的Ⅵ、Ⅶ两型和安志敏的Ⅳ、Ⅴ两式，合并
为辛某Ⅲ式；把张先得的Ⅲ、Ⅳ两式和黄盛璋的Ⅱ、Ⅲ两式、
杨君的Ⅰa、Ⅰb两式，合并为辛某Ⅳ式，安志敏的Ⅲ式亦属此
式；把张先得的Ⅷ、Ⅸ两式和杨君的Ⅱa、Ⅱc、Ⅱb三式，合并
为辛某Ⅴ式。

在张先得的分类体系中，其Ⅴ型金币，情况有些特殊。实际
出土情况反映这类饼形金币的行用时间，是从西汉到东汉。察看
其图形，似与同一分类体系中的Ⅱ型金币非常相像。张氏特别说
明云："Ⅴ型与Ⅱ型的主要区别是：外缘规整，底部中心薄并有

---

① 阜阳地区展览馆《安徽阜阳地区出土的楚国金币》，刊《考古》1973 年第 3 期，
页 162—164。

明显锤痕及裂纹。"显示这两类金饼并没有太大区别，只是加工的方法略有区别。我想，在当时的社会条件下，在不同的地区和不同的制作场所，具体的制作工艺略微有所区别，是很自然的事情，并不意味着二者之间会有实质性的差异。因此，在这里姑且斗胆将二者视同一事，归并为一个类型。

我划定的这种Ⅱ式金饼，最大的特点是呈标准的圆饼形，而且其中绝大多数金饼的重量，接近战国秦楚二国和秦汉两朝的一斤。这次海昏侯刘贺墓室出土的大批圆形金饼，即属这一类型。这样的金饼，也可以说是秦汉两朝的标准金币。

张先得的Ⅰ型、同时也是我划分的Ⅰ式金币，是在楚国通行两端凹入长方形金版的大背景下出现的一种向圆形金饼靠拢的金币。张先得强调其突出特点在于呈"不规则圆饼状"，而我更愿意将其解读为方版与圆饼之间的过渡形态。

安志敏在古代货币演变的总体背景下考察中国古代金币的早期形态，指出黄金作为流通手段，"大体上是随着青铜货币的发展而盛行的"。把握这一总体态势，参照战国至秦汉时期铜币形制的演变过程，可以帮助我们理解金币的形制如何会由战国时期楚国两端凹入的长方形金版变更成为秦汉时期的圆饼形金币。战国时期各国的铜币，诸如刀币、布币之类，形态繁复，样式繁多，但至秦始皇统一币制，便独以方孔圆廓饼形铜币通行天下。以后两千多年，绝大多数时间一直沿用这一币形。这样的历史事实，充分说明圆形金属货币在造型上的合理性。

考古发现的情况告诉我们，中国最早的黄金钱币，都是包金的铜贝[①]，这也显示出早期金币造型与汉代圆形饼状金币之间的重大差异。在纯金金币方面，河北灵寿也发现了战国早期中山国的金贝[②]。至于楚国两端凹入的长方形金版，更是造型奇特而每一块金版的形制又颇有出入，而非严整如一，甚至也有一些形状不甚规整的长方形金版，这显示出金币铸造的技术还很不完善，或者说当时还难以控制铸造的工艺以制成规整的币形。然而，如同铜币形制的演进过程所体现的那样，圆饼式的币形，实际更适合社会需要。于是，我们看到，在战国时期的楚国，出现了一种略近圆形而直径大小不一、形状又很不规整的金饼，这就是张先得列为Ⅰ型的金币。这种金币清楚体现由两端凹入的长方形金版向规整的圆形金币的过渡。

尽管具体情况还需要进一步深入分析，但至迟在战国晚期，应当已经出现比较规整的圆形金币。如黄盛璋即明确论断，在韩、魏、燕、秦诸国故地发现的一些圆形金饼，应属战国时期楚国以外的三晋和燕、秦各国的货币。[③]与此同时，楚国除了两端凹入的长方形金版之外，也出现一些虽不够规整但大体接近圆饼形状的金币，币面上多打有楚国后期一度暂居的临时都城陈地的

---

① 黄盛璋《关于马蹄金、麟趾金的定名、时代与源流》，刊《中国钱币》1985 年第 1 期，页 13—14。黄盛璋《论中国早期（铜铁以外）的金属工艺》，刊《考古学报》1996 年第 2 期，页 145。

② 高英民《战国中山国金贝的出土——兼述"成白"刀面文诸问题》，刊《中国钱币》1985 年第 4 期，页 36—37。

③ 黄盛璋《论中国早期（铜铁以外）的金属工艺》，刊《考古学报》1996 年第 2 期，页 145。

戳记，曰"陈爰（陈禹）"，即张先得所说呈"不规则圆饼状"的 I 型金币，安志敏仍将其置于楚金版范围加以论述。

值得注意的是，楚国这一类接近圆形的金币，集中出现在陈邑，相对来说，这是楚国境内比较靠近中原韩魏等国的地方，参照汉魏等国出现的圆形金币，更加显示圆形金币应是战国时期中原地区较多国家普遍行用的金币形态。这些情况表明，过去安志敏以为金饼仅"通行于汉代"，认识显然颇有局限。

在这一基础上，逮秦始皇统一中国，便采用了这种广泛通行的圆饼形制作为国家法定金币的标准造型。

《汉书·食货志》载"秦兼天下，币为二等：黄金以溢（镒）为名，上币"①。在这一记述的前面，班固记云，西周之"九府圜法"的制度，是"黄金方寸，而重一斤"②。安志敏的研究表明，至少在战国和汉代，方寸黄金的重量，就是一个标准金币的重量，不管是楚国的金版，还是其他各国的饼形金币，都是如此，即重约一斤。所以战国秦汉间才会出现普遍以"斤"作为基本单位来称谓黄金数量的情况，所谓黄金百斤、千斤、万斤，实际上首先是指百枚、千枚、万枚金币或是金版。

单纯从字面上看，所谓秦之黄金"以溢为名"，只是以"溢"字作为黄金基本单位的名称，不再称"斤"而改称为"溢"。

晋人傅瓒（所谓"臣瓒"）在注释《汉书·食货志》时尝谓

---

① 《汉书》卷二四下《食货志》下，页 1152。
② 《汉书》卷二四下《食货志》下，页 1149。

"秦以一溢为一金，汉以一斤为一金"，但这一释语已不见于今本《汉书》，而是因被刘宋裴骃的《史记集解》征引而保存在今本《史记》当中①。唐人颜师古则解释"黄金方寸，而重一斤"这句话说，周人是"黄金以斤为名"②。结合这两种解释，我理解，"斤"和"溢"不仅是同一种重量单位，同时还是黄金流通的基本单位，也就是一个金币，亦即所谓"一金"。

班固在《汉书·律历志》中记载说，十六两为一斤，这是古往今来的定制，而且还有一番很抽象的理念寄寓其中③，核诸秦朝的实际情况，也是以十六两为一斤④。然而曹魏时人孟康对"溢"的重量注释说："二十两为溢。"⑤比孟康更早，东汉时人贾逵在注释《国语》时又说"一溢二十四两"⑥，但东汉人赵岐注《孟子·梁惠王》之万镒（溢）璞玉时仍谓"二十两为镒（溢）"⑦，同时人高诱注《战国策》之"黄金万溢"，也说"二十

---

① 《史记》卷三〇《平准书》刘宋裴骃《集解》，页1712。

② 《汉书》卷二四下《食货志》下唐颜师古注，页1149。

③ 《汉书》卷二一上《律历志》上，页969—970。

④ 睡虎地秦墓竹简整理小组编《睡虎地秦墓竹简》（北京，文物出版社，1978）之《校律》，页113—115。

⑤ 《汉书》卷二四下《食货志》下唐颜师古注，页1152。

⑥ 梁萧统《文选》（杭州，浙江大学出版社，2017，《传古楼四部要籍选刊》影印清嘉庆胡克家刻本）卷二三阮籍《咏怀》唐李善注页1292，又卷三四枚乘《七发》唐李善注，页1917。

⑦ 宋孙奭《孟子注疏》（台北，艺文印书馆，2007，影印清嘉庆二十年江西南昌府学刻本）卷二下，页42。

两为一溢"①，故疑"二十四两"的说法或有讹误②。

如果相信这种解释，再参看前述傅瓒和颜师古的说法，那么，秦始皇确定"黄金以溢为名"，就不仅是为行世的金币定立一个名称的问题了，而是改变了西周以来以一斤重（十六两）的金币作为黄金流通基本形态的做法，重新创立一种以"溢"为基本单位的新规格的金币。后世学者，虽然表述以至认识往往并不十分明确，但大多是如此认识这一问题，其中也包括安志敏等研究战国秦汉金币的专家。

单纯就文献记载而言，这一问题比较复杂，牵涉到对一些基本经传的解读，目前还难以得出确切的结论。

不过按照我目前的倾向性看法，孟康等人的解释，可能存在讹误，清人毛奇龄就是这样看待这一问题③。另外，在北宋初年编纂的《太平御览》里，摘录有一段《汉书·食货志》文字，与今传颜师古注本《汉书》有很大不同，乃谓"秦币，黄金方寸而重一斤，以溢为名"④。这段引文未必十分可靠，很可能是李昉等编纂者在撮述《汉书》时羼有自己的理解，但至少可以表明，在

---

① 《战国策》（北京，国家图书馆出版社，2002，影印国家图书馆藏宋绍兴刻本）卷三《秦策》一，页4a。

② 按：清人张文虎已经指出贾逵的一溢二十四两之说出处存在问题，不宜用作历史研究的依据，说见清毛奇龄《四书改错》（清嘉庆金孝柏重刻本）卷一八"虽万镒"条，页15b。

③ 清毛奇龄《四书改错》卷一八"虽万镒"条，页15b。

④ 宋李昉等《太平御览》（北京，中华书局，1960，影印宋本）卷八〇九《珍宝部·金》，页3597。

李昉等人看来，秦朝金币的基本单位"溢"，与其前朝后世一样，重量也是一斤，亦即十六两，而不是二十两。

从考古发现的实物来看，目前虽然还没有清楚而且足够数量的金币能够说明秦朝"上币"的重量，但从另一方面看，如同安志敏已经指出的那样，在战国时期，人们在普遍以"斤"作为基本单位来称谓黄金数量的同时，也动辄以百镒（溢）、千镒（溢）、万镒（溢）来指称巨额的黄金[1]，可是在已经发现并做出清楚报道的比较标准的战国金币中，没有见到二十两重的，其基本规格都是一斤亦即十六两上下。如安志敏已经指出的那样，考古发掘所见冥币泥版所盖文字戳记，如"郢爰"（郢再），多为规整的十六枚，实际体现的就是这种斤、两的关系；其中有些泥版的戳记还直接书作"两"字，这就更为清楚地表明了这一点。

这种情况也提示我们，作为黄金计量单位的"溢"，或许与这一词语在其他方面的涵义有所不同（如郑玄注《礼记》"朝一溢米，莫（暮）一溢米"，即同于孟康，谓"二十两曰溢"[2]），也可能是与"斤"字同义互换的。譬如，作为黄金计量单位的"溢"，可能是缘自金币铸造时系流溢出一股金液，这流溢而成的特征，在战国和西汉的饼状金币中有明显的体现，即沈括所说"似于平物上滴成，如今干柿，土人谓之柿子金"者，而"二十

---

① 按：王念孙云"古镒字皆作溢"，说见王氏《读书杂志》（北京，中国书店，1985）之《墨子》第四"千盆"条，页113。
② 《礼记》（清嘉庆丙寅张敦仁仿宋刻本）卷一三《丧大记》汉郑玄注，页7a。

图 55　湖南长沙出土带有十六枚"郢爰"（郢再）和"两"字戳记的冥币泥版
　　　（据安志敏文）

两为溢"的"溢"字，则可能若毛奇龄所说，是"'溢'字本'搵'字之通，'搵'者'握'也"[①]，二者本来就不是同一回事。不过毛奇龄的论述并不完满，目前也只能是姑备一说，实际情况究竟如何，还有待发现一定数量的秦朝金币，才能做出切实的验证，以得出最终的结论。

　　由于"二十"并不是"六"的倍数，与嬴政崇尚的"六"这一数目无关，我想，他也就没有实际的理由非要改变通行的一斤制金饼而把每一块金饼多添上四两分量不可。须知黄金"上币"毕竟十分昂贵，人们一定更趋向于将其用作储藏，而不会成为流通的主要币种，持有者要是都把它捂在手里不往外露，即使朝廷

---

① 清毛奇龄《四书改错》卷一八"虽万镒"条，页 15b—16a。

想要改，骤然之间恐怕也很难操作。

因此，目前我倾向于认为，秦始皇统一六国之后所确定的标准"上币"，就是战国以来比较普遍行用的一斤制金饼。这就像秦统一后行用的"半两"铜钱，也不是始皇二十六年（前221）兼并六国后才开始铸造，而是沿用战国旧制。其具体创制时间，很可能是秦惠文王二年（前336）。据《史记·秦始皇本纪》篇末附录秦国旧史《秦纪》记载，这一年秦国"初行钱"[1]。《秦纪》纪事，至为简省，而特地着以笔墨录存此事，自应属于当时一项重大事件。故有学者推论所谓"初行钱"即指秦国铸造统一形制的"半两"钱，所说很有道理。[2]

过去张先得在研究战国秦汉金币的形制时，已经参考秦兼并六国后以统一行用战国时期圜钱的情况，推测其黄金"上币"也可能"采用战国后期出现的圆形金饼的形制"，不过张氏避而不谈秦之"上币"的重量问题，认识还显得不够深切。尽管限于实物资料，现在还很难得出确切的结论，但只有大家积极探讨，各自提出自己倾向性看法，才能逐渐深化我们的认识。

在这一历史背景下，我们看到，如黄盛璋所论，在武帝太始二年（前95）下诏铸造麟趾金和褭蹏金之前，西汉皇朝就已经流通使用这种饼状金币。这不仅是沿承战国金币的形制，我认

---

[1] 《史记》卷六《秦始皇本纪》，页363。

[2] 徐州博物馆、南京大学历史系考古专业《徐州北洞山西汉楚王墓》（北京，文物出版社，2003）第三章第三节《半两钱的沿革及分期》，页160—168。

为，似乎更应该是对嬴秦旧制的直接继承。

这种形制的金币，也正是秦汉时期的标准金币。正因为这种金币最为通行，所以沈括当年才能够仅"在汉东一岁"即遇到"数家得之"的好事，其中甚至"有一窖数十饼者"，他自己也趁便"买得一饼"。因其普遍通行，才会有如此众多的窖藏存留。更能体现这一点的，应属这次海昏侯墓室出土的 265 块此式金饼（据云有大有小，其形态较小者不属约汉斤一斤重的标准金币）①，而数量似此丰富的西汉金饼，1999 年就在西安市未央区谭家乡东十里铺村出土过一次，总数也高达 219 枚 ②。

关于这种秦汉时期标准金饼的制作工艺，安志敏分析说："当凝固之后，似再经加工，其正面的凹入部分，系铸成后捶击而成，故多有裂缝；周缘也有砸击的痕迹。"张先得进一步解释说："此型金饼并非不用模具，应是将金液倾注陶容器内底而铸成的。"同样是因为它的普遍流通，在这种金饼被沈括描述为"似于平物上滴成，如今干柿"的特征，便被各种铜质、铅质、泥质的团饼状冥币普遍模仿，尽管金饼背面铸造时自然形成的凸凹起伏往往会被刻意制作的纹样取代。

---

① 杨军、管理《海昏侯墓考古硕果累累》，刊江西省文物考古研究所、首都博物馆编《五色炫曜——南昌汉代海昏侯国考古成果》，页 10。池红主编《南昌汉代海昏侯国考古专辑》（南昌，江西画报社，2016）之《文物精品·金饼》，页 100—103。

② 周天游主编《寻觅散落的瑰宝——陕西历史博物馆征集文物精粹》（西安，三秦出版社，2001），页 108—109，页 142—143。

图 56　海昏侯墓出土西汉标准金币（金饼）^①

图 57　西安市未央区谭家乡东十里铺村出土西汉
　　　 标准金币（金饼）^②

---

① 江西省文物考古研究所、首都博物馆编《五色炫曜——南昌汉代海昏侯国考古
成果》，页122。

② 周天游主编《寻觅散落的瑰宝——陕西历史博物馆征集文物精粹》，页108—
109，页142—143。具体报道见陕西省文物局文物鉴定组《记西安北郊谭家乡出
土的汉代金饼》，刊《文物》2000年第6期，页50—59。

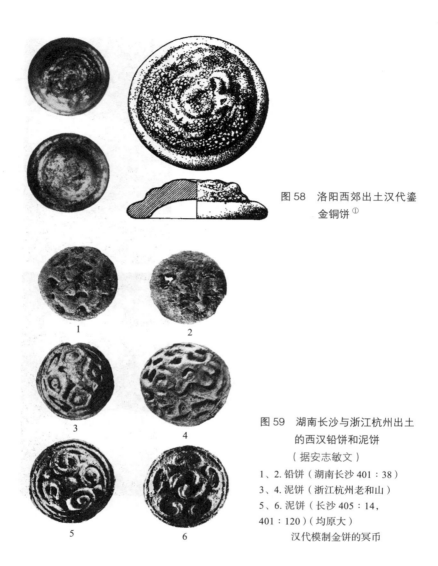

图 58 洛阳西郊出土汉代鎏金铜饼[①]

图 59 湖南长沙与浙江杭州出土的西汉铅饼和泥饼
（据安志敏文）

1、2. 铅饼（湖南长沙 401：38）

3、4. 泥饼（浙江杭州老和山）

5、6. 泥饼（长沙 405：14，401：120）（均原大）

汉代模制金饼的冥币

---

① 中国科学院考古研究所洛阳发掘队《洛阳西郊汉墓发掘报告》，刊《考古学报》1963 年第 2 期，页 30，页 32，图版一二。

如同黄盛璋所指出的："两汉三国，金皆以饼称。"之所以会出现这种局面，我想，就是因为秦汉时期的标准金币即为这种团饼状的形制。

五　圆形金饼的辅币和变形

张先得的Ⅵ型、Ⅶ型金币，分别对应于安志敏的Ⅳ式和Ⅴ式金饼，都是直径较小的饼状金币。

安志敏指出，他所说的Ⅳ式金饼（亦即张先得的Ⅵ型金币）"重量约相当于大形金饼的十六分之一……其数值均大约相当于汉代一斤的十六分之一，当系代表一两的重量"；或谓"小形（型）金饼十六枚的积重，也接近大形（型）金饼一枚的重量"。这一点非常重要，把握了这种金币的实质，即清楚显示这种小金饼应是一斤重基本单位金币的辅币。这种金饼，始见于满城中山靖王刘胜的墓室，而刘胜去世的年代是武帝元鼎四年（前113）。在安志敏文章发表之后出版的发掘报告，也清楚指出其"每枚约相当于西汉时一两强"[①]，可以进一步印证上述大、小两种金币的主、辅关系。

上一节谈到，在江西南昌海昏侯墓室出土的金饼中，除了当时的标准金币亦即一斤重的金饼之外，还有另外一种小型金币。

---

① 中国社会科学院考古研究所、河北省文物管理处《满城汉墓发掘报告》（北京，文物出版社，1980）二《一号墓·出土器物》，页207。

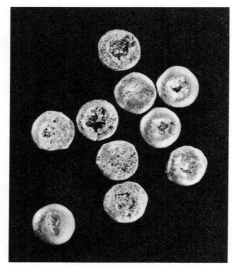

这种小型金币的详细情况虽然还没有见到报道，但估计很有可能
也是这种一两重的辅币。

张先得的Ⅶ型、也就是安志敏的Ⅴ式金饼，与上一类型的区
别，主要体现在制作方法上。张氏称这种金饼"系用厚金片剪切
成圆形，经捶打而成"，安志敏也说"它是在铸成的金片上，用
锤击的方法制成的"，亦即主要不是靠铸造成形。尽管二者之间
在外观上还有一些明显的区别，如张氏描述这种Ⅶ型金饼（安
氏Ⅴ式）呈"小金泡状"，而他所说的Ⅵ型金饼（安氏Ⅳ式）则
为"小圆饼状"，同时前者直径较长而厚度较薄，但出土于满城

---

① 中国社会科学院考古研究所、河北省文物管理处《满城汉墓发掘报告》之图版
　一四九。

图 61　满城汉墓出土由金片锤击而成的小型金饼 [1]

汉墓的张氏Ⅶ型金饼（安氏Ⅴ式）实物"每枚的重量大约相当于西汉时的一两，平均数值为一两稍弱"[2]，显示它与所说的Ⅵ型金饼（安氏Ⅳ式）相同，也是一种基本金币的辅币，而且二者级别相同。张先得已经指出，这种小型金币，在战国时期就已经出现。需要说明的是，战国秦汉间的小型金饼，并不都是这种一两重的标准辅币，也有一小部分其他规格的小型金饼，例如，河南扶沟古城村就出土过一枚重约四分之一斤亦即四两的小金币 [3]。

① 中国社会科学院考古研究所、河北省文物管理处《满城汉墓发掘报告》之图版二三四。

② 中国社会科学院考古研究所、河北省文物管理处《满城汉墓发掘报告》三《二号墓·出土器物》，页332。

③ 河南省博物馆、扶沟县文化馆《河南扶沟古城村出土的楚金币》，刊《文物》1980年第10期，页63。

基于这样的认识，我把这两种小型饼状金币归并为同一类别，作为Ⅲ式。过去黄盛璋曾把这两种小型金饼和前面我划定的Ⅱ氏金币同归为一类，概名之曰Ⅰ式，就其内在属性而言，是很合理的。

这两种辅币的存在，告诉我们在实际流通过程中，有时需要使用较小额度的黄金，仅仅有一斤重的基本金币不敷社会需求。安志敏早已指出，当时所见大多数战国金版是被剪成小块使用的，支付时必须重新称其重量，显示这种需求早已普遍存在，正因为如此，完整的金版极为罕见。安氏同时指出，考古发现的金饼虽然以完整者居多，但也有被剪切成小块使用的情况。

图62　河南扶沟古城村出土被切割成
　　　　小块的金饼[①]

[①]　河南省博物馆、扶沟县文化馆《河南扶沟古城村出土的楚金币》，刊《文物》1980年第10期，页61—66，图版四。

图 63　安徽阜南三塔出土被切割开来
　　　　的战国金饼 [①]

　　值得注意的是，我们还可以在战国时期的一些圆形金饼上看到一条中分金饼的凹槽，这显然是为了方便在需要时对半截开使用而刻意制作的（安志敏已经指出这道凹槽"可能是剪切的标志"），而这样做的原因，也很容易揣摩——金饼（饼状金币）厚度较大，切割比较困难，非如此则不易操作。河南扶沟出土的一些被切割成扇形小块的圆形金饼，"切割时由于砸击使圆饼的中央部分内凹，上、底两面相贴在一起"，就很好地体现了金饼难以切割的情况，而同时出土的一件被切割成小块的金饼，币面上还留存有一道为将大块圆形金币切割成八分之一（亦即重约二两的金块）而画的标准线 [②]。这些情况都可以佐证上述中分线的性质和作用。

① 出土文物展览工作组编《文化大革命期间出土文物》第一辑（北京，文物出版社，1973），页 99，《说明》，页 11。
② 河南省博物馆、扶沟县文化馆《河南扶沟古城村出土的楚金币》，刊《文物》1980 年第 10 期，页 63。

图 64　陕西临潼武家屯出土带中分凹槽金饼 [1]

　　尽管事实上存在这种简单对半切割使用金饼的情况，但因黄金的价格过于昂贵，如《汉书·食货志》记云王莽时定制"黄金重一斤，直（值）万钱"[2]，安志敏推算"一枚金饼于丰年可购粮千余石"，故少量使用时必定还需要更为细微的切分，以精确掌握其重量。睡虎地秦简《效律》有文曰"黄金衡赢（累）不正，半朱（铢）【以】上，赀各一盾"[3]，即清楚显示当时的官吏在掌管黄金出入时"锱铢必较"的情况，而从出土发现的一些金饼和薄壁立体造型金币来看，其刻画标记的重量数值，也会精确到"两"以下的"铢"这一单位[4]。突破厚度所致切割困难的办法，

① 朱捷元、黑光《陕西兴平显念流寨和临潼显武家屯出土古代金饼》，刊《文物》1964 年第 7 期，页 35—38。
② 《汉书》卷二四下《食货志》下，页 1178。
③ 睡虎地秦墓竹简整理小组编《睡虎地秦墓竹简》之《效律》，页 114。
④ 马叔波、王永波《山东长清双乳山汉麟趾金刻划符号的判识》，刊《考古》2005 年第 1 期，页 52—63。王丕忠、许志高《咸阳市发现的麟趾金和马蹄金》，刊《考古》1980 年第 4 期，页 378—379。

只能是铸造出一种币面较薄的金币，这样就能根据需要任意剪切下适宜的片段。

这样，从战国时期起，就出现了我所划定的Ⅳ式金币，汉代仍然通行。这种Ⅳ式金币中的a、b两个亚型（张先得的Ⅲ型和Ⅳ型，黄盛璋的Ⅱ式和Ⅲ式，安志敏的Ⅲ式对应其中的a亚型），只是底面有圆形或椭圆形的区分，在其他方面并没有任何差别。我把这两种金币，称作"战国秦汉间非标准薄壁立体造型金币"。

根据张先得总结的情况，这两种薄壁立体造型的金币，重量都在汉斤一斤上下，亦即等同于标准金币的规格，这是为了方便与饼状金币对等流通（江苏盱眙南窑庄出土的椭圆形薄壁立体造型金币分量较重，八块金币每一块的重量在295.8～462.2克[①]，应属特殊情况）。与此同时，其不同于饼状金币的一项主要特点，就是周壁厚度很薄，便于随意剪切使用。尽管在已有的考古报道和研究中殊少具体记述这种薄壁立体造型金币的厚度，但也有个别考古发现及时记录并公布了这方面的数值。如西安附近西汉上林苑旧址出土的三块椭圆底薄壁立体造型金币，底厚4～6毫米，周壁厚仅1～2毫米[②]，这自然会比1厘米上下厚度的标准饼状金币要容易切割得多。如张先得所指出的那样，

---

① 姚迁《江苏盱眙南窑庄楚汉文物窖藏》，刊《文物》1982 年第 11 期，页 9—10。
② 李正德、傅嘉仪、晁华山《西安上林苑发现的马蹄金和麟趾金》，刊《文物》1977 年第 11 期，页 74。

从出土的实物来看，这两种金币也都有被剪凿使用的碎块。北宋宣和五年（1123），徽宗为笼络契丹降将郭药师，"以金盆赐焉，药师感泣出，谕其下曰：'此非我功，汝等力也，多寡当共之。'因剪金盆，人均一片"①。审其情状，即以盆壁较薄，故易于剪切。

就其主从关系而言，这两种类型的金币，可以说是圆形金饼的一种变形。杨君曾推测这种薄壁立体造型的金币因其铸造复杂和携带不便等原因而被圆形金饼取代，认识似有失误。张先得注意到，出土实物的状况表明，与饼状金币相比，这两种薄壁立体造型金币数量并不很多。我判断，当时主要是将金币用于大额度的流通和储藏，并不普遍小量使用金币，而这两种薄壁立体造型金币本来就是为应付小额使用金币而制造，所以才会在考古发掘中见到这样的情况。

需要指出的是，有个别看起来似乎很像圆底薄壁立体造型的金币，却有可能是铸造欠佳的圆形金饼。例如，陕西历史博物馆收藏的一件西安阎家巷出土的金币，尽管被收藏单位视作所谓"麟趾金"，亦即圆底薄壁立体造型金币②，实际上却像是铸造工艺欠佳而在铸成后又未经安志敏所说"锤击"工序的一件半成品。

---

① 宋徐梦莘《三朝北盟会编》（上海，上海古籍出版社，1987，影印清光绪三十四年许涵度刻本）卷一七，页122。

② 王莉《"麟趾"的多层含义》，刊《陕西历史博物馆馆刊》第22辑（西安，三秦出版社，2015），页294—295，图版Ⅱ。

图65　被剪半使用的圆底薄
　　　壁立体造型金币摹本[①]

图66　陕西历史博物馆收藏所谓"麟趾金"
　　　（西安市阎家巷出土）

六　前人对麟趾金和褭蹏金的认识与海昏侯墓室新发现的历史研究价值

前人对麟趾金和褭蹏金（亦即所谓"马蹄金"）的讨论，曾较多指向这两种辛某所说的Ⅳ式金币。为便于比较，这里仍以上述安志敏、黄盛璋、张先得和杨君几位学者为代表，罗列各种观点如下（表中所列金币分类型式，系敝人所拟订）：

辛某金币类型↘	沈括	安志敏	黄盛璋	张先得	杨君
麟趾金	Ⅴ？	Ⅱ	Ⅳa	Ⅳa（Ⅴb）	Ⅴb
马蹄金（褭蹏金）	Ⅱ	Ⅳa	Ⅳb	Ⅳb（Ⅴa）	Ⅴa

---

① 张先得《怀柔县崎峰茶公社发现汉代马蹄金》，刊《文物》1976年第6期，页92。

其他还有一些观点，譬如，黄盛璋曾归纳说，在各地考古学者的报道中，曾有很多人像沈括当年一样，将辛某Ⅱ式金币认作所谓"马蹄金"，或将其混称作"麟趾马蹄金"；又如有人认为："麟趾金只是一个概称，它包括全部的圆形饼金和部分蹄形饼金（仅限于圆形底的），故可被分为两型。Ⅰ型是圆形饼金，属于使用流通型，也可用于贡祭，其特点是便于叠摞、携带和储藏。Ⅱ型是圆底蹄形饼金，为贡祭摆设型。体高，斜立壁，中空。"[1] 说法更显独特。因为缺乏系统的认识，这里就不一一列举了，不过在下文会根据论证的需要提到其中某些说法。

安志敏在过去的研究中，曾经很不确定地推测敝人所说Ⅱ式

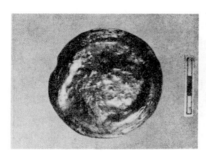

正面　　　　　　　　　　　背面

图 67　1959 年长沙五里牌墓出土所谓"麟趾金"
　　　（东汉时期普通圆形金饼）[2]

---

① 陕西省文物局文物鉴定组《记西安北郊谭家乡出土的汉代金饼》，刊《文物》2000 年第 6 期，页 58。

② 湖南省博物馆《湖南省文物图录》（长沙，湖南人民出版社，1964）之图版八二，页 82。参见湖南省博物馆《长沙五里牌古墓葬清理简报》，刊《文物》1960 年第 3 期，页 46—47，页 25。

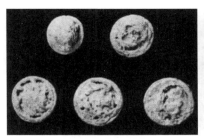
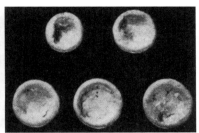

马蹄形金饼（正面）　　　　　　　　　马蹄形金饼（背面）

图 68　山西太原东堡出土西汉金饼及
"令"字铭文摹本 ①

金币（安氏Ⅰ、Ⅱ、Ⅳ、Ⅴ式）或有可能属于麟趾金（此前在中国文博界已有同样的看法，如湖南省博物馆编《湖南省文物图录》即持此说），同时推测我划定的Ⅳa型金币（安氏Ⅲ式）或有可能属于所谓"马蹄金"。关于前者，亦即辛某Ⅱ式金币，以黄盛璋为代表的大多数学者，都认为它在造型上不类动物蹄趾，因而既不可能是麟趾金，同时也不可能是所谓"马蹄金"（裹蹏金）。在这一点上，我赞成黄盛璋的看法。

① 山西省文物管理工作委员会、山西省考古研究所《太原东堡出土的汉代铜器》，刊《文物》1962 年第 4、5 期合刊，页 71—72。

图 69　浙江杭州老和山出土汉代冥币泥饼币面上刻画的
　　　　"令""一斤"和"令之金一斤"摹本
　　　（据安志敏文）

　　在做出上述推测的过程中，安志敏的主要理由，是 1961 年
山西太原东太堡出土的一件此类西汉金饼上刻有"令"字，另外
浙江杭州老和山在 1957 年出土的一些泥饼冥币，系仿制此类金
饼的泥饼，币面上也刻有"令""一斤""令之金一斤"等文字，
安氏由此推测"'令'和'令之'似即麟趾的简写"。在这一点
上，黄盛璋基本上也持同样看法。

　　核实而论，这样的看法，并不是由安志敏率先提出。譬如太
原东太堡出土的金饼，报道这一发现的山西当地考古工作者，已
经提出"'令之'可能即麟趾的简字"，而更早发现也更早公开报
道的杭州老和山汉墓出土冥币泥饼，报道者也认为有"可能是当
时制陶工匠因麟趾二字笔划比较繁复，取同音字简写而成"[1]。安
志敏的看法，显然受到这些报道的强烈影响。

──────────

① 　赵人俊《汉代随葬冥币陶麟趾金的文字》，刊《文物》1960 年第 7 期，页 52。

由于在安志敏从事战国秦汉金币问题研究时出土的薄壁立体造型金币数量还十分有限，认识不够清楚、不够完善是很正常的事情。我觉得，这些金饼或冥币泥饼上刻画的"令"字，即指朝廷律令，在这里，乃犹如西汉官文书中通行习语"如律令"之意，宣称其制作一如朝廷律令要求的质地和分量，这一意图在冥币"令之金一斤"的铭文中体现得尤为明晰。这本来是很简单，也很平易的文字，没有理由穷伸别解，一定非将其通转为"麟趾"不可。

后来，随着薄壁立体造型金币出土数量的增多，黄盛璋复主要依据其底面形态是呈圆形还是椭圆形，把这类金币划分成两个不同的亚型，其中一为麟趾金，一为所谓"马蹄金"。《汉书·武帝纪》载汉武帝幸雍获白麟，颜师古释其事云："麟，麋身，牛尾，马足，黄色，圆蹄。"[1] 黄盛璋据此麟为"圆蹄"一语，复以"马蹄为长团而非圆形"，遂定薄壁立体造型金币中的圆底者为麟趾金，椭圆底者为所谓"马蹄金"。其后张先得和杨君等人都沿承了这一分类形式，这也就是敝人所定Ⅳa、Ⅳb两式（黄盛璋之Ⅱ、Ⅲ两式，张先得之Ⅲ、Ⅳ两型，杨君之Ⅰb、Ⅰa两式）。张先得并且就其形制解释说，这是出于防止伪造以及便于检验成色的需要而特地制作的。在这一点上，杨君大体上也承袭了张氏的说法。

黄盛璋的分类，自然较安志敏更为完善，但在今天看来，就

---

① 《汉书》卷六《武帝纪》唐颜师古注，页174。

其实质性意义而言，窃以为并不具备太大价值。

黄盛璋乃至安志敏诸人的认识，在出发点上即存在明显的误区，这就是沿承日本学者关野雄的旧说，错误地解读《汉书·武帝纪》的记载，把"今更黄金为麟趾、褭蹏以协瑞焉"这句话，理解为"只不过改变名称而已，而不可能改铸新的形式"（安志敏语），是"利用旧有形制以协瑞，而非创造新形"（黄盛璋语）。但《汉书·武帝纪》之"更"字，明显是一种不同于以往的新创制，东汉人应劭解释其具体涵义就是"改铸黄金如麟趾、褭蹏以协嘉祉也"，唐朝人颜师古也说"武帝欲表祥瑞，故普改铸为麟趾、马蹏之形以易旧法耳"[①]。至于在这一创制过程中是不是某种程度地借鉴了以前有过的形制，以及是不是像颜师古理解的那样是"普改"亦即普遍更改了所有先行的金币，则可以参照其他情况，再做进一步的斟酌，但这是一种具有特殊缘由和重大政治象征意义的新创制，应是毫无疑义的。

安志敏研究金币的文章刊布在 1973 年，当时仅出土有极个别辛某Ⅳa式金币，并且还难以确切断定其具体年代，在这种情况下，安氏指认这种圆底薄壁立体造型金币为"马蹄金"，应该是可以理解的。

黄盛璋认为麟趾金和所谓"马蹄金"应是我所划定的Ⅳa和Ⅳb式金币。他在 1985 年发表研究时，已经注意到这种薄壁立体造型金币不仅战国时期即大量存在，而且还出土有疑似西汉初

---

① 《汉书》卷六《武帝纪》唐颜师古注，页206。

年的辛某Ⅳa式金币［尽管张先得等人不同意黄盛璋的判断，认为这种薄壁立体造型金币应出现于汉武帝太始二年（前95）之后，但我还是赞同黄盛璋的看法］。这些金币的形制，与黄氏认定的太始二年后同类型金币形制完全相同，这样也就无所谓"更"铸新型金币的问题，汉武帝不过率由旧章而已，这与《汉书·武帝纪》的记载是严重不符的。考虑到金币藏弃、使用的延续性，即使是战国旧币，在汉武帝时也不会有多稀罕，刘彻大张旗鼓地重铸前朝流通的寻常旧币，又怎么能糊弄百姓，起到"协瑞"的宣传效果呢？特别是西汉初年若已经铸造过这种被黄氏认作麟趾金的金币，汉武帝在太始二年再继续铸造这种金币，就无论如何也说不上是一种新的创制了。

张先得的相关研究，刊布的时间也是在1985年，不过黄文刊发于年初，张文刊发在年底。在麟趾金和"马蹄金"的问题上，张氏的看法与黄氏相同，结论却更为令人遗憾。这牵涉到另一项相关的汉代实物。

在这之前四年的1981年，刘来成等河北考古工作者，已经公布了另外一种形式的西汉金币，也就是敝人所定Ⅴ式金币，包括Ⅴa、Ⅴb两个亚型（其中Ⅴa式金币的规格又有大、小两种）。在刘来成执笔撰写的《河北定县40号汉墓发掘简报》中，明确论证其性质应分别属于麟趾金和所谓"马蹄金"（褭蹏金）[1]。

---

① 河北省文物研究所《河北定县40号汉墓发掘简报》，刊《文物》1981年第8期，页1—10，图版一。

在怎样区分麟趾金和褭蹏金这一点上，刘来成等人也提出了十分合理的看法。如前所述，黄盛璋依据颜师古麟为"圆蹄"一说，推定薄壁立体造型金币中的圆底者为麟趾金，同时又把椭圆底的薄壁立体造型金币视作所谓"马蹄金"。尽管刘来成等人所针对的掐丝贴花镶琉璃面金币，在大的类型上，与黄盛璋所针对的薄壁立体造型金币并不相同，但其具体亚型的划分，同样是圆底与椭圆底的差异。刘来成等人认为，其中圆底者状如马蹄，应属所谓马蹄金，亦即褭蹏金；其椭圆底者，才是麟趾金。盖《汉书·终军传》记汉武帝幸雍获麟事，乃述之曰"获白麟，一角而五蹄"，颜师古释云："每一足有五蹄也。"[1]五个蹄子需要长五条腿，那是十足的怪物。对此，东汉人王充在《论衡》中做了更为准确的表述，称此白麟乃"一角而五趾"[2]，也就是在这头白麒麟四条腿的四个蹄子上，每一个蹄子都有五个脚趾。而定县汉墓出土的椭圆底掐丝贴花镶琉璃金币"近似趾瓣的形状，度其大小和比例应是兽趾"，故"可肯定为麟趾无疑"[3]。这次海昏侯墓出土两种同类金币的定名，实际上正是沿承了这一既有的认识，而不是什么新的见解。

---

① 《汉书》卷六四下《终军传》并唐颜师古注，页 2814。按：刘氏疏忽，在文中将此史料出处误书作《史记·终军传》。
② 汉王充《论衡·讲瑞》，据刘盼遂《论衡集解》（北京，中华书局，1957）卷一六，页 347。
③ 河北省文物研究所《河北定县 40 号汉墓发掘简报》，刊《文物》1981 年第 8 期，页 3。

现在回到前面第三节讲到的问题，让我们来看看沈括讲到的那种"妙趾中空，四傍皆有文刻，极工巧"的金币，究竟是麟趾金还是褭蹄金，答案就比较简单了：沈括说的是"趾"而不是"蹄"，所以，他见到的应该是麟趾金，而不会是褭蹄金。

这两种掐丝贴花金币的形制，前所未见，而这座陵墓的主人是中山怀王刘修，去世在宣帝五凤三年（前55），因而陪葬汉武帝时创制的麟趾金和褭蹄金是顺情合理的事情。在系统研究战国秦汉金币问题时，黄盛璋未能利用这一重要发现，应是出于疏忽，而张先得在读到这一文章后对刘来成等人的论断未能合理对待，却可以说是一种很严重的偏差。

张氏一方面赞同刘来成等人的观点，把这两种金币定为汉武帝太始二年创制的麟趾金和所谓"马蹄金"，但同时又说这两种金币只是象征祥瑞的工艺品。这种看法，本来就不够妥当，但也有一定道理，但即使如此，张先得也没有任何理由继续沿承黄盛璋的旧说，仍将辛某Ⅳa和Ⅳb式金币认作麟趾金和所谓"马蹄金"。这是因为黄盛璋的说法是在未能利用定县汉墓出土实物情况下所做的一种推论，而没有任何真凭实据，现在既然有了形态更符合麟趾、褭蹄的金币实物，也就没有任何理由再继续抱着黄氏的观点不放。至于立体薄壁造型金币的形制，除了其薄壁系便于切割使用外，那种充满褶皱的壁形，恐怕只是铸造时金液凝固而成的自然形态，而不是人为刻意控制的结果；圆底抑或椭圆底这两种形态，似乎也没有什么特别的象征意义，很可能只是不同地区、不同部门的工匠所使用的模具不尽相同而已。

不过张先得把掐丝贴花的麟趾金和褭蹄金看作工艺品,似乎也有可以谅解的理由,就是当时所见麟趾金和褭蹄金的实物太少,仅在定县的中山怀王墓中出土过大、小规格的所谓"马蹄金"各两件、麟趾金一件。这种稀少性无疑增强了刘氏的"工艺品"定性。

这次在南昌海昏侯刘贺的墓室,出土了一批与定县中山怀王墓室完全相同的麟趾金和褭蹄金。新的发现,促使很多学者重新认识麟趾金和"马蹄金"的问题,但有些人以为新的考古发现一下子就终结了过去的争议,这似乎很不妥当。

因为如上所述,早在1981年,定县中山怀王墓室中就已经出土过同样的金币,从严格意义上讲,这次在海昏侯墓中并没有什么新发现。我们的眼光,还是要放在战国以来金币发展的总体过程之中,才能切实推进对相关问题的认识。在海昏侯墓出土金币公布后所发表的研究成果中,杨君的《马蹄金和麟趾金考辨》一文,利用这一大批新出土金币实物,比较清楚地把张先得纠结不清的看法剖分开来,明确地把战国以来的两种薄壁立体造型金币排除于麟趾金和所谓"马蹄金"之外。

不过在对麟趾金和褭蹄金性质的认识方面,杨君的看法,仍然可以再事斟酌。过去张先得说定县出土的麟趾金和褭蹄金是工艺品,是看其工艺精致,掐丝贴花抛光,已经超出了作为实用货币的需要。这种看法,虽然有一定道理,但用"工艺品"三字来表述,似嫌不够妥当。因为《汉书》明确记载创制这种金币是为了协和天瑞,其形制必然要与这一目的相适应,而不是为工艺制作而增高工艺的水平，这本来是一清二楚的事情，用不着另生别解。

准确地说，麟趾金和褭蹏金应该是一种类似"礼器"的特种纪念性金币，其具体涵义，则如第一节所做说明。现在杨君推测汉武帝制作麟趾金和褭蹏金，意在"'班赐'诸侯时虚高比值，借以敛财"。我看不到相应的证据，以为还是尊重《汉书》的记载为妥。在海昏侯墓室出土的麟趾金和"马蹄金"上，都分别带有"上""中""下"注记，而其重量、成色又都没有差别。尽管现在还很难清楚说明这些注记的确切意蕴，但我想若是本着其纪念性金币的特性来思索，则很有可能是这些麟趾金和褭蹏金用于不同祭祀场合或先后次第的标志。

谈到麟趾金和褭蹏金这两种纪念金币可能被用于祭祀活动，不禁令人联想到匈奴著名的"祭天金人"。在太始二年汉武帝下诏"更黄金为麟趾、褭蹏以协瑞"之前二十六年的元狩二年（前121）春，骠骑将军霍去病奉命率军北击匈奴，"破得休屠王祭天金人"，这座所谓"祭天金人"，乃"象祭天主也"，或谓之曰"作金人以为祭天主"[1]。

相关研究表明，中国古代佩戴黄金饰品的习俗是在夏商之际

---

[1] 《史记》卷一一〇《匈奴列传》并刘宋裴骃《集解》引《汉书音义》、唐司马贞《索隐》引孙吴韦昭及北魏崔浩语，页3514—3515。按："象祭天主也"这句话，文字及断句均与今中华书局点校本不同。文字从中华点校本校勘记附列的明嘉靖间柯维熊刻本（亦即金台汪谅刻本），断句则为本人所加。具体缘由别详敝人《史记新本校勘》（桂林，广西师范大学出版社，2017）。

从中亚草原传入中国北方地区的，至春秋及战国早期，中亚草原游牧部落贵族的标志性特征——黄金装饰的人身饰品、武器、马具——在中国北方地区逐渐流行，并在战国晚期融入汉地造型艺术之中[1]。

中国古代黄金艺术既然是在这样的中外交流大背景下发生和发展的，那么，我们看一看麟趾金和褭蹏金上那些掐丝贴花的纹样，就不能不想到这很可能是中亚文化影响的结果，而霍去病从休屠王那里抢掠来的匈奴祭天金人，得来后又被汉武帝设专祠祭祀[2]，故这一匈奴祭天金人很有可能是促使汉武帝萌发铸造麟趾

图 70　公元前 5—前 4 世纪时欧亚草原游牧民族斯基泰人的黄金制品[3]

---

[1]　马健《黄金制品所见中亚草原与中国早期文化交流》，刊《西域研究》2009 年第 3 期，页 50—64，页 137。

[2]　《汉书》卷二八上《地理志》上，页 1545。按：《汉书·地理志》左冯翊云阳县下记云："有休屠金人及径路神祠三所。"今中华书局点校本读作"有休屠、金人、径路神祠三所"，疑误。

[3]　山田信夫《草原とオアシス》（东京，讲谈社，1985），页 15。

图71　内蒙古准格尔旗西沟畔 2 号墓出土黄金饰牌[①]

金和裹蹏金想法的一项重要因素[②]。休屠祭天金人虽然早已无法看到，但当代考古学者发掘到一些匈奴的黄金制品，可供我们对比分析。例如在内蒙古准格尔旗西沟畔匈奴墓中出土的一件黄金饰牌上，似乎就可以看到一些与麟趾金和裹蹏金相通的造型风格与工艺特征。

　　附带说一下，在海昏侯墓出土的许多金饼上，都带有"V"形戳记，引起社会公众广泛关注，也有些人对此纷纷猜测，或以

①　田广金、郭素新《鄂尔多斯式青铜器》(北京，文物出版社，1996)，页351—356。

②　按:《史记》卷六《秦始皇本纪》(页307—308)记始皇二十六年初并天下，即"收天下兵，聚之咸阳，销以为钟镱金人十二，重各千斤，置宫廷中"。李零以为这里所说"金人"即"模仿匈奴的祭天金人"，说见《关于中国早期雕刻传统的思考》一文，收入作者文集《万变》(北京，生活·读书·新知三联书店，2016)，页248。但这些所谓"金人"明明是用天下兵器销毁后铸造的，所以，只能是铜人，而不可能是用真正的黄金铸成，看《史记》旧注，知前人也都是这样理解。

图 72　海昏侯墓室出土金饼上的 "V" 形戳记 ①

为 "待解之谜" ②。这种符号过去在西安市北郊谭家乡出土的西汉金饼上也曾大量出现，研究者以为是检验黄金成色及重量的勾对符号 ③，这应是一种合理的解释。特别是在这批金饼上同时还见有清晰的 "六" 字戳印，这更可以排除 "V" 形符号为 "六" 字省写的可能。

正因为麟趾金和褭蹏金是一种纪念性金币，所以并不会像颜师古所理解的那样是普遍更改流通金币的形制，而只是铸造很小

---

① 池红主编《南昌汉代海昏侯国考古专辑》之《南昌西汉海昏侯墓待解之谜》，页165。
② 池红主编《南昌汉代海昏侯国考古专辑》之《南昌西汉海昏侯墓待解之谜》，页165。
③ 陕西省文物局文物鉴定组《记西安北郊谭家乡出土的汉代金饼》，刊《文物》2000年第6期，页50—59。

图 73　西安北郊谭家乡出土西汉金饼上的"∨"形戳记（左）和"六"字戳印（右）

一部分以供特殊的纪念性需要，如《汉书》所记，仅供"班赐诸侯王"而已。目前已经发现这两种金币的汉墓墓主，一为中山怀王刘修，一为过去做过昌邑王的海昏侯刘贺，就很好地印证了这一点。这也是过去很少发现这两种金币的历史原因。至于有人推测汉武帝诏命制作的麟趾金和褭蹏金"是升仙的象征物"[1]，我还看不到切实的证据。麟趾金和褭蹏金的制作与汉武帝的升仙欲望或许存在相当程度的关系，但这并不等于说汉武帝会直接用这两种金器来象征其飞升于上天的行为。

像杨君这样借助新出土的金币来认定麟趾金和褭蹏金的真实面目，固然是海昏侯墓室新发现对研究这一问题的重要价值，但海昏侯墓室出土的麟趾金和褭蹏金对历史研究更大的价值，应该是通过论定麟趾金和褭蹏金的名实关系而梳理清楚战国秦汉间各

---

① 韦正《马蹄金、麟趾金与汉代神仙信仰》，刊《南方文物》2017 年第 1 期，页105—111。

种类型金币的源流演替关系。尽管我过去对相关问题缺乏了解，只是偶然涉猎其间，所说难免粗疏舛谬，但仍然希望本文能够在这一方面做出一些积极的探索。

2017 年 8 月 7 日晚记

2017 年 10 月 1 日改稿

刊《文史》2018 年第 3 期